行动中的理性

Rationality in Action

[美]约翰·塞尔——著
文学平——译

John R. Searle

本书中文简体版由当代中国出版社 2024 年出版

版权合同登记号 图字:01-2023-0356 号

图书在版编目(CIP)数据

行动中的理性 / (美) 约翰·塞尔著 ; 文学平译.
北京 : 当代中国出版社, 2024. 9. -- ISBN 978-7-5154-1446-1

Ⅰ. B089

中国国家版本馆 CIP 数据核字第 2024TR1226 号

出 版 人　王　茵
责任编辑　邓颖君
责任校对　贾云华　康　莹
印刷监制　刘艳平
封面设计　宋　涛　鲁　娟
出版发行　当代中国出版社
地　　址　北京市地安门西大街旌勇里 8 号
网　　址　http://www.ddzg.net
邮政编码　100009
编 辑 部　(010)66572156
市 场 部　(010)66572281　66572157
印　　刷　北京中科印刷有限公司
开　　本　787 毫米×1092 毫米　1/16
印　　张　18.75 印张　2 插页　201 千字
版　　次　2024 年 9 月第 1 版
印　　次　2024 年 9 月第 1 次印刷
定　　价　88.00 元

献给达格玛(Dagmar)

让·尼科德讲座系列丛书总序

让·尼科德讲座（The Jean Nicod Lectures）每年由一位处于领先地位的心灵哲学家或重视哲学的认知科学家在巴黎举办。1993 年的创始讲座正好是法国哲学家兼逻辑学家让·尼科德（Jean Nicod，1893—1931 年）诞辰 100 周年。讲座由法国国家科学研究中心（CNRS）赞助，并与“人文科学之家”基金会（MSH Foundation）合作举办。该系列丛书收录了讲座的文本或以讲座为基础的专著。

雅克·布弗雷斯（Jacques Bouveresse），让·尼科德讲座委员会主席

弗朗索瓦·雷卡纳蒂（François Recanati），让·尼科德讲座委员会秘书兼系列丛书编辑

让·尼科德委员会

马里奥·博里略(Mario Borillo)

让-皮埃尔·尚热(Jean-Pierre Changeux)

让-加布里埃尔·加纳西亚(Jean-Gabriel Ganascia)

安德烈·霍利(André Holley)

米歇尔·英伯特(Michel Imbert)

皮埃尔·雅各布(Pierre Jacob)

雅克·梅勒(Jacques Mehler)

伊丽莎白·帕切里(Elisabeth Pacherie)

菲利普·德·鲁伊扬(Philippe de Rouilhan)

丹·斯珀伯(Dan Sperber)

致　谢

保尔·瓦雷里(Paul Valéry)曾在某处说：一首诗永远不会完成，它会在绝望中被抛弃。一些哲学著作也同样如此。当我写完一本书并将它寄给出版社时，我不止一次有这样的感觉："但愿我能从头再写，现在我知道该怎样写了!"不过，对于这本书，我确实从头又写了一遍。几年前我完成了初稿，出版社也同意出版，但后来我决定重写整个内容。一些章节全删掉了，添加了另外一些章节，并重写了剩下的几章。现在要将它交给出版社了，我仍然有同样的感觉："但愿我能从头再写……"

这在某种程度上是因为有关该书的一段丰富的经历，本书的素材得到了比平时更多的有益评论，我甚至比平时更感激我的学生和其他批评者。这些素材一直是我在伯克利组织研讨班的主题，也是我在北美、欧洲、南美和亚洲作讲座的主题。这些素材也是 2000 年在奥地利基希贝格举行的维特根斯坦会议上的一个专题讨论会的主题，其中四章的内容在巴黎的让·尼科德讲座演
xii 讲过，也在韩国首尔的茶山纪念讲座（Tasan）演讲过。本书早期版本的一份初稿包含了前七章的大部分内容，这份初稿在西班牙获得了霍维亚诺斯（Jovellanos）国际奖，并于 2000 年作为《行动中的理性》（*Razones Para Actuar*）由诺贝尔出版社（Ediciones Nobel）以出版西班牙语出版。我特别感谢我的西班牙语译者路易斯·瓦尔德斯（Luis Valdes）。实际上，15 年前迈克尔·布拉特曼（Michael Bratman）邀请我在一个关于实践理性的会议上发表演讲时，我就开始了对这些素材的处理。感谢迈克尔和其他与会者的批评。感谢克里斯·考威尔（Chris Cowell）精心准备了本书的索引，也感谢许多阅读部分手稿内容并发表评论的人，尤其是罗伯特·奥迪（Robert Audi）、圭多·巴恰加卢皮（Guido Bacciagaluppi）、贝丽特·布加特–佩德森（Berit Brogaard–Pedersen）、温斯顿·希昂（Winston Chiong）、阿兰·寇德（Alan Code）、鲍德温·德·布鲁因（Boudewijn de Bruin）、詹尼弗·胡丁（Jennifer Hudin）、克里斯汀·柯斯嘉德（Christine Korsgaard）、约瑟夫·莫拉尔（Josef Moural）、托马斯·内格尔（Thomas Nagel）、杰西卡·塞缪尔斯（Jessica Samuels）、巴里·史密斯（Barry Smith）、玛瑞安·泰勒斯（Mariam Thalos）、伯纳德·威廉姆斯（Bernard Williams）、利奥·泽伯特（Leo Zaibert），特别要感谢我的妻子达格玛·塞尔（Dagmar Searle），本书就是献给她的。

目录

导　论

本书提供了一种带有限制条件的实践理性理论。实践理性这个主题是如此广泛和复杂，本书这样的篇幅只能处理某些核心问题，这就是其主要限制条件。

当我可以将我提出的观念与我反对的观念进行对比时，我会写得更好些。哲学研究经常以辩论的方式展开。在这种情况下，我反对的观念是我从小就接受的理性观念，我相信这种理性观念是我们思想文化中的主导性观念。这种观念我称为“经典模型”，我希望这个称谓是公平的。

在批评经典模型时，我是在批评西方哲学中一种非常强大的传统。在本书中，我指出了经典模型的一些局限性并力图克服它们。这种模式强调理性和智力在做决定和一般生活中的作用，但在关于理性的每个观念都受到了系统攻击的时候，还攻击在许多方面都正确的理性模式似乎过于挑剔。各种形式的相对主义，有时被贴上“后现代主义”的标签，已经攻击了理性观念本身。理性本质上应该是压迫性的、支配性的、相对于
xiv 不同文化而存在的东西，等等。当理性本身已受到攻击时，我为什么要批评一个还相当不错的理性理论呢？我和任何人一样对这些攻击感到震惊，我都懒得回应它们，因为我甚至不相信这些攻击是可以被理解的。例如，我有时会受到这样的挑战：“你支持理性的论证是什么？”这是一个荒谬的挑战，因为“论证”的概念预设了理性的标准。这本书不是对理性的辩护，因为“辩护”的想法的形式是论证、理性，等等，这已经预设了理性的约束，因此对这种辩护的要求是荒谬的。理性的约束是普遍的，并内置于心灵结构和语言结构之中，尤其是内置于意向性结构和言语行为结构之中。人们可以像我在本书中尝试做的那样描述理性约束的运用，也可以像我一样批评其他类似的描述，但理性本身不需要得到辩护，甚至不允许进行辩护，因为全部思维和语言都要以理性为前提，因而全部论证都要以理性为前提。人们争论关于理性的理论，这是可理解的，但争论理性本身，这是不可理解的。

这本书在关于理性的哲学解释传统内进行讨论，并尝试改进这个传统的主流观点。

在对有关这些话题的公开讲座的反应中，我发现聪明人对理性理论的预期反复出现两个误解，我想从一开始就阻止这些误解。首先，许多人相信理性理论应该为他们提供做出理性决定的
xv 算法。他们认为，一本关于理性的书应给他们提供一种具体的方法来决定是否与他们的配偶离婚，在股票市场上进行哪些投资，

以及在下次选举中投票给哪个候选人，否则，花钱买一本关于理性的书就亏了。出于我提供的分析中隐含的种种理由，任何理性理论都不会提供做出正确决定的算法。这种理论的目的不是告诉你面对难题时如何做决定，而是解释做出理性决定的某些结构特征。正如关于真理的理论不会给你一种算法来发现哪些命题为真一样，理性理论也不会给你一种做出最合理决定的算法。

人们关于理性的第二个误解是如下的假定：如果理性的标准是普遍的，并且如果我们都是完全理性的行为主体，那么我们就不会有意见分歧。他们因而假设，明显知情且理性的行为主体之间持续存在的意见分歧，表明理性在某种程度上是因文化和个人而不同的。但所有这些都是错误的。理性标准，就像真理标准一样，确实对不同个体和不同文化普遍有效。但如果有普遍的理性标准和行为主体理性的思考，大规模的意见分歧仍然是可能的，实际上还是不可避免的。假定有普遍有效和公认的理性标准，假定完全理性的行为主体有充足的信念可供使用，你发现理性的意见分歧仍然会发生；其原因是多方面的，例如，理性主体可能具有不同且不一致的价值观和利益，其中每一个都可能是理性可接受的。我们的社会背景假设中最严重的错误之一就是认为，无法 xvi
解决的冲突标志着某人的行为一定是非理性的，或者更糟的是认为这标志着理性本身应受到质疑。

本书讨论的许多问题，在传统上被认为是哲学伦理学的一部分，因为它们是大学“伦理理论”课程中讨论的那种问题。关于伦理学本身，或我的观点在伦理理论上的含义，我很少有什么要说。我不确定是否存在一个定义明确的、称为“伦理理论”的哲学分支，但在某种意义上说，确实存在这样的哲学分支，其必要的前提是对决定和行动中的理性给出解释。比如，除非你首先知道什么是行动，什么是理由，否则你无法理智地讨论行动的伦理理由。所以，本书虽不是直接讨论伦理学的，但它处理了每一种伦理理论都应涉及的许多基础性问题。

这项研究延续了我之前关于心灵、语言和社会实在问题的工作。这项工作中的每一本书都必须独立存在，但每一本书都是一个更大的总体性哲学结构的一部分。为了使本书能独立存在，我在第二章总结了我先前工作成果的一些基本要素，这些要素将有助于我们对本书的理解。

第一章　理性经典模型及其缺点

一、理性问题

第一次世界大战期间，在特内里费岛(Tenerife)工作的著名动物心理学家沃尔夫冈·柯勒(Wolfgang Köhler)证明了黑猩猩具有做出理性决定的能力。在一个典型的实验中，他将一只黑猩猩放在由一个盒子、一根棍子和一串香蕉组成的环境中，香蕉挂得足够高，黑猩猩够不着。过了一会儿，黑猩猩想出了如何得到香蕉的办法。他把箱子移到香蕉下面，拿起棍子，爬到箱子上，举起棍子把香蕉弄下来了。[1] 柯勒对格式塔心理学比对理性更感兴趣，但他的黑猩猩体现了一种理性形

---

〔1〕 Wolfgang Köhler, *The Mentality of Apes*, second edition, London: Routledge and Kegan Paul, 1927. 实验用的动物是黑猩猩。

式，这种理性形式一直是我们理性理论的典范。其观念是，做出理性决定就是选择能让我们达到**目的**的**手段**的问题。目的完全取决于我们想要什么。我们在做决定时会事先列出我们想要的目的清单，理性完全是找出实现我们目的的手段的问题。

2 毫无疑问，柯勒的黑猩猩代表了人类做出理性决定的一种类型。但还有大量做出理性决定的其他一些类型，这些理性决定是黑猩猩没有做出的，它大概也不可能做出这种决定。黑猩猩可以尝试弄清现在如何得到香蕉的办法，但它无法尝试弄清下周如何得到香蕉的办法。与黑猩猩不同，对于人类而言，许多决定都涉及超越当下即刻的时间安排。此外，黑猩猩无法考虑它自己死亡之前的大段时间。人做出的许多决定，实际上是大多数的重大决策，比如在哪里生活、追求哪种职业、要什么样的家庭、与谁结婚，都与去世之前的时间分配有关。有人可能会说，死亡是人类理性的界限；但关于死亡的想法以及将死亡考虑在内的计划能力，似乎超出了黑猩猩之概念工具的限制范围。人的理性与黑猩猩的理性之间的第二个区别是，人类通常被迫在相互冲突和不相容的目的之间做出选择。动物有时也是在相互冲突和不相容的目的之间做出决定，布里丹之驴就是这样的一个著名的假想的例子，但对于柯勒的黑猩猩来说，那就是盒子、棍子，香蕉或无关紧要的东西。黑猩猩的第三个局限是它无法考虑独立于其欲望的行动理由。也就是说，它想用椅子和棍子做某事的愿望似乎只能由它想吃香蕉的在先欲望所激发。但就人类而言，事实证明我们有相当多不是欲望的理由。这些独立于欲望的理由可以构成欲望的根据，但它们成为我们的理由并不需要它们以欲望作为其根

据。这是一个有趣且有争议的点，我将在后面的章节中更详细地
讨论它。我们与黑猩猩之间的第四个不同点是，如果黑猩猩有关 3
于它自己作为一个自我的观念，那黑猩猩的自我观念也是非常有
限的，也就是说，它做出决定并在将来能为它现在做出的决定而
承担责任，或现在能为它过去做出的决定而承担责任，它作为这
样的理性主体是非常有限的。第五点区别与第四点相关，黑猩猩
与人类不同，它不会认为自己的决定以任何方式表达或承诺了同
样适用于它自己和其他自我的一般原则。

在这样的讨论中，人们通常说黑猩猩所缺少的是语言。显
然，这个想法是，只要我们能够成功地教会黑猩猩进行语言交流
的基本知识，它们就会拥有人类所具有的做出理性决定和承担责
任的全部工具。我非常怀疑情况会如此。简单的符号化能力本身
并不足以满足整个理性思维过程。教黑猩猩使用语言符号的努力
充其量也只有捉摸不定的结果。但即使它们成功了，在我看来，
据称教给华秀（Washoe）、拉娜（Lana）和其他著名实验黑猩猩的
那些符号使用类型，也不足以解释伴随人类语言能力的某些特殊
特征而来的人类理性能力的范围。问题的关键在于，单靠使用符
号的能力并不能产生全部的人类理性。正如我们将在本书所看到
的那样，某些类型的语言表征能力是必需的，在我看来，对于这
些类型的表征能力而言，我们无法明确地区分出符号中所表达的
智力和符号本身的使用。问题的关键是：动物会欺骗，但不会撒 4
谎。说谎的能力是人类更巨大的能力的结果，即人类有能力做出
某些**承诺**的结果，而这些承诺是人类动物故意将**满足条件**赋予**满
足条件**的情形。如果你还不明白这一点，请不要担心；我将在后

面章节中做出解释。

持续存在的哲学问题，如理性问题，具有一种典型的逻辑结构：鉴于 q 看起来确实为真，q 显然使得 p 成为不可能，p 如何能为真。当然，自由意志问题是这种模式的经典例子。鉴于每个事件都有原因，而因果决定使得自由行动成为不可能，我们如何能真的有自由行动呢？相同的逻辑结构遍及大量其他哲学问题。鉴于我们完全是由无意识的物质元素构成的，我们如何能真的有意识呢？关于意向性也会产生同样的问题：意向状态是心灵指向我们自身之外的世界上的物或事的状态，鉴于我们完全是由缺乏意向性的物质元素构成的，那么我们如何能拥有意向状态呢？类似的问题也出现在怀疑论中：鉴于我们永远无法确保自己没有陷入梦觉、幻觉或没被恶魔所骗，我们如何能真的知道一些事情呢？在伦理学中也是如此：鉴于世界完全由价值中立的事实构成，世界上如何能有任何价值呢？这个问题有一个变体：鉴于所有知识都是“**事实上是**什么”的知识，并且我们永远不能从任何一组关于“事实上是什么”的陈述中推导出关于“应该是什么”
5 的陈述，那我们如何能知道“**应该**是什么”呢？关于理性的问题是这些持续存在的哲学问题的一个变体，它可表述如下：在这个世界上所发生的一切事情都是由无情的、盲目的、自然的因果力量而引起的，我们如何能做出理性决定呢？

二、理性的经典模型

在讨论黑猩猩的理性时，我指出：在我们的知识文化中，我们有一个非常特殊的讨论理性和实践理性、行动中的理性的传统。这一传统可以追溯到亚里士多德的主张，即人们慎重考虑的总是手段，而不是目的，[1] 这个传统在休谟和康德的主张中得到了延续：休谟的著名主张是“理性是并且应该是激情的奴隶”，康德的主张是“意欲目的者意欲手段”。该传统在当代数理决策理论中得到了最复杂的表述。该传统绝不是一元化的，我并不想暗示说：亚里士多德、休谟和康德拥有相同的理性观念。相反，它们之间存在显著差异。但有一条共同的线索，我相信在古典哲学家中休谟对我所说的“经典模型”给出了最清晰的表述。很长一段时间以来，我一直对这个传统表示怀疑，我打算用第一章的大部分篇幅来揭示它的一些主要特征，并对我的一些疑惑做初步的陈述。描述这一经典模型的一种方式是说，它将人类理性描绘成黑猩猩理性的一个更为复杂的版本。

当我作为牛津大学的一名本科生第一次学习数理决策理论 6
时，在我看来它有一个明显的问题：这似乎是公理的严格结论，如果我珍视我的生命并且我珍视 25 美分，25 美分并不是很多钱，但譬如说，它足以让我从人行道上拾起它，这就肯定存在一定的概率，我愿意用我的生命来赌 25 美分。我想了想，得出的结论是，我不可能用自己的生命去赌 25 美分，如果有可能的话，我也不会用我孩子的生命去赌 25 美分。多年来，我与几位著名的决策理论家讨论这个问题，起初是跟安娜堡(Ann Arbor)的吉米·萨维奇(Jimmy Savage)讨论，也包括跟纽约的艾萨克·莱维

[1] 阿兰·寇德(Alan Code)曾向我指出：将这种观点归于亚里士多德的标准看法可能是对亚里士多德真实看法的误解。

(Isaac Levi)讨论，通常经过大约半小时的讨论，他们就会得出结论说："你简直太不理性了。"我认为他们关于理性的理论也许有问题。不过，我不太确定。几年后，在越南战争期间，我的一位朋友是五角大楼国防部的一位高级官员，我去拜访他时，我才真正意识到这种理性观念的局限性，而且这种理性观念是有实际作用的。我试图说服他放弃美国所遵循的战争政策，特别是要放弃轰炸北越的政策。他拥有数理经济学的博士学位。他走到黑板前，画出了传统微观经济分析的曲线，然后说："在这两条曲线相交的地方，抵抗的边际效用等于被轰炸的边际负效用。到了那个时候，他们就不得不放弃了。我们所假设的只是他们是理性的。我们所假设的只是敌人是理性的!"

那时我就知道我们遇到了严重的问题，不仅在我们关于理性的理论方面遇到了问题，而且在它的实践应用方面也遇到了问
7 题。假设胡志明和他的同事要做出的决定就像要购买一支牙膏的决定一样，即严格来说是要做出预期效用最大化的决定，这似乎很愚蠢，但很难准确地说出这个假设有什么问题，在这本书的写作过程中，我想尝试的就是准确地说出它到底出了什么问题。凭直觉做一个初步表述，我们可以这样说：同黑猩猩的理性相比较，人类理性有一个区别，即完全为了满足这样或那样的欲望的行动理由行动与独立于欲望的行动理由之间的区别。一方面是你想要做什么或为了得到你想要的东西你必须做什么的问题；另一方面是无论你想要什么你都必须做什么的问题，这二者之间的区别是不同类型的行动理由之间的基本区别。

（一）经典模型背后的六个假设

我所说的“理性的经典模型”在很大程度上由六个假设构成，我将在本章陈述并讨论这六个假设。我并不希望说，该模型是一个一元化的整体，即如果某人接受其中一个命题，那么他就会接受其他几个命题。相反，有些作者接受某些部分而拒绝其他部分。但我确实希望说，该模型形成了一个融贯的整体，而且我发现它在当代著作中既有明言式的影响力，也有潜藏式的影响力。此外，该模型明确表达了我作为牛津大学经济学和道德哲学学生时被教授的理性观念。当时我觉得那似乎不是一个令人满意的理性观念，现在我似乎也不满意。

1. 信念和欲望因致理性的行动。 8

信念和欲望既是我们行动的原因，也是我们行动的理由，而理性在很大程度上是协调信念和欲望的问题，以便它们“以正确的方式”引起行动。

这里的“原因”一词用的是其常见的含义或亚里士多德式的“动力因”的含义，即一个事件的原因是使得其发生的东西。在特定背景下，这些原因是事件得以发生的充分条件。我们说特定的信念和欲望因致了特定的行动，就像说地震因致了建筑物倒塌一样。

2. 理性是个遵守规则的问题，特定的规则区分出了理性的和非理性的思想及行为。

幸好，大多数理性的人都能够无意识地遵循关于理性的规则，这些规则晦暗不明，作为理论家，我们的任务是尽力将晦暗不明的规则阐释得清楚明白。正如他们可以在不清楚语法规则的情况下说英语一样，或者他们可以在不清楚自己正在以散文的方式说话的情况下而以散文的方式说话，就像茹尔丹先生(Monsieur Jourdain)的著名例子那样，因此他们可以在不清楚决定理性与否的规则的情况下理性地行事，甚至他们没有意识到他们正在遵循那些理性规则。但作为理论家，我们将发现和阐释清楚那些规则作为我们的目标。

3. 理性是一种独立的认知能力。

根据亚里士多德和他开创的著名传统，拥有理性是我们作为
9 人的定义性特征：人类是理性动物。如今，能力的流行术语是“模块”（module），但一般的想法是，人类具有各种独特的认知能力，一种是视觉能力，一种是语言能力，如此等等，理性是这些独特能力中的一种，甚至可能是我们人类能力中最特别的一种。最近的一本书甚至推断了我们拥有这种能力的进化优势。[1]

4. 希腊人称作“不自制”的意志薄弱的明显情形，只有在行为前的心理状态出了问题的情况下才会出现。

因为理性行为是由信念和欲望所因致的，而信念和欲望要因致行动，通常先要导致意图的形成，所以意志薄弱的明显情形需要特别的解释。行为主体拥有恰当的信念和欲望，并形成了恰当的意图，但依然没有实施相应的行动，这究竟如何可能呢？标准的解释是，“不自制”的明显情形是行为主体实际上没有恰当的因致行动的原因的情形。因为信念和欲望以及它们衍生出的意图

---

〔1〕 Robert Nozick, *The Nature of Rationality*, Princeton: Princeton University Press, 1993.

都是原因，那么如果你合理地将它们叠加起来，因果必然性就会确保实施相应的行动。因此，如果没有确保实施相应的行动，那么一定是其原因出了问题。

意志薄弱一直是经典模型的一个问题，并且有很多讨论这个
主题的文献，[1] 但意志薄弱总被认为是非常奇怪且难以解释的事 10
情，只有在奇异、怪诞的情况下才会发生的事情。在我看来，理性存在者中的不自制现象就像法国的葡萄酒一样普遍，对此，我稍后会给出解释。任何曾经尝试过戒烟、减肥或在大型聚会上少喝酒的人都会明白我在说什么。

5. 实践理性必须从行为主体的初始目的清单开始，它们包括行为主体的目标和基本欲望、目的和意图，而这些东西本身并不受理性的约束。

为了从事实践推理活动，行为主体必须首先拥有一组他或她想要或珍视的东西，然后实践推理就是弄清楚如何最好地满足这组欲望和价值。对此，我们可以这样说，为了使实践推理能够在任何一个领域起作用，行为主体必须从一组初始欲望开始，这里的“欲望”一词要作广义的理解，以便行为主体的价值需求都算作欲望，无论这些价值需求是道德方面的、审美方面的或别的什么东西，都算作欲望。除非你一开始就拥有这样的一系列欲望，否则就没有理性发挥作用的空间，因为理性就是要弄清楚在你已经想要什么东西的条件下你还应该欲求什么东西的问题。但最初的那些欲望本身并不受理性的约束。

---

〔1〕 关于早期作品的选集，参见 *Weakness of Will*，edited by G. W. Mortimore，London：Macmillan St. Martin's Press，1971。

如下的这个例子可以解释实践理性的模型。假设你想要去巴黎，并且你在思考怎样去最好的问题。你可以乘船去，可以乘独木舟去，也可以乘飞机去，在使用你的实践理性推理后，你最后决定乘飞机去巴黎。但如果这就是实践理性发挥作用的唯一方式，即计算出达到“目的”的“手段”，那就会得出两个结论：
11 首先，没有任何行动的理由不是源自广义上的“欲望”，即是说，不可能有任何独立于欲望的行动理由存在；其次，理性不可能评价开始的或最初的那些欲望，理性只是与手段相关，而与目的无关。

不存在独立于欲望的行动理由，这是经典模型的核心主张。休谟说“理性是并且应该是激情的奴隶”，这句话通常被解释为这种主张；最近许多作者也提出了同样的主张。例如，赫伯特·西蒙写道：“理性完全是有工具性的。它无法告诉我们去哪里；它充其量可以告诉我们如何到达那里。它是一把可供使用的枪，可以用来服务于我们所拥有的任何目的，无论好的目的，还是坏的目的。”[1] 伯特兰·罗素则说得更加简洁明了：“理性有着完全清晰而简洁的含义。它意味着选择恰当的手段来达到你想要达到的目的。它与目的的选择毫无关系。”[2]

6. 只有当初始的欲望集一致时，整个理性系统才能发挥作用。

对此，乔恩·埃尔斯特给出了一个很有代表性的说法：“除

---

〔1〕 Herbert Simon, *Reason in Human Affairs*, Stanford, CA: Stanford University Press, 1983, pp. 7–8.

〔2〕 Bertrand Russell, *Human Society in Ethics and Politics*, London: Allen and Unwin, 1954, p. viii.

非信念和欲望是一致的，即它们不能包含逻辑的、概念的或实用上的矛盾，否则它们就很难成为行动的理由。”[1] 我们很容易看出这个说法为什么似乎是合理的：如果理性就是逻辑推理的问 12
题，那么公理中就不能有任何不一致或矛盾。矛盾蕴含着任何事情，所以如果你最初的欲望集中包含着矛盾，任何事情都可以由它推导出来，或者说看起来是如此。

(二)对经典模型的一些质疑

这个清单我还可以继续列下去，我们有的是机会在本书中丰富经典模型的特征。但即使是这个简短的列表也给出了经典模型的总体面貌，我认为前面所列举每一个假设都是错误的，我想通过给出一些它们为何错误的理由来开启我的论证。前面所列举的那些假设至多描述了一些特殊情况，但没有给出理性在思想和行动中起作用的一般理论。

1. 理性行为不是由信念和欲望所因致的。一般来说，只有非理性的和不理性的行为才是由信念和欲望所因致的。

作为切入点，让我们从这样一个观点开始，即理性行为是由信念和欲望因致的行为。需要强调的是，“原因”一词的含义是通常所说的“动力因”的含义，例如：爆炸引起建筑物倒塌，或者地震引起高速公路毁坏。我想说的是，就行动而言，如果在先的信念和欲望确实是行动的充足原因，那么这些行动实际上是很怪异的，而且是非理性的典型，远非理性的模式。例如，行为主

---

[1] Jon Elster, *Sour Grapes*: *Studies in the Subversion of Rationality*, Cambridge: Cambridge University Press, 1983, p. 4.

体陷入痴迷或成瘾的状态，除了按照自己的欲望行事外别无选
13 择，这就是信念和欲望成为行动充足原因的情形。但在做出理性
决定的典型情况下，比如，我试图决定投票给哪位候选人，我做出了选择并且我考虑了在可供选择的选项中做出选择的各种理由。但只有当我假定我的信念和欲望集本身不足以作为原因决定我的行动时，我才能从事选择活动。理性的作用预设了我做出决定所依据的意向状态集与实际做出的决定之间存在间隙。也就是说，除非我预先假设存在间隙，否则我无法开启做出理性决定的过程。要明白这一点，你只需要考虑不存在间隙的情形，即信念和欲望确实在因果关系上可充分地决定行动的情形。例如，吸毒者有一种不可抗拒地吸食海洛因的冲动，他相信这是海洛因；所以他不由自主地吸食它，这就是信念和欲望在因果关系上充分地决定行动的情形。在这种情况下，信念和欲望足以决定行动，因为成瘾者无法控制自己。但这很难说是理性的行为模式。这种情形似乎完全超出了理性的范围。

在理性行动的正常情况下，我们必须预设行动之前的信念和欲望集在因果关系上不足以决定行动。这是进行慎重考虑的前提预设，这对于理性的运用是必不可少的。我们预设，以信念和欲望形式而出现的行动“原因”与以行动形式而出现的“结果”之间存在间隙。这个间隙有一个传统名称，被称为“意志自由”。为了从事理性决定，我们必须预设自由意志。事实上，正如我们
14 稍后将看到的，我们无论从事什么样的理性活动都必须预设自由
意志存在。我们无法回避这个预设，因为即使是拒绝做出理性的决定，也只有当我们将其视为在行使自己的自由时，这拒绝对我

们而言才是可理解的。要明白这一点，请思考下面的例子：假设你走进一家餐馆，服务员给你拿来菜单。比方说，你选择小牛排和意大利面，你不能说："我是一个决定论者，顺其自然，我将只是等着看我点什么！我会等着看我的信念和欲望会因致什么结果。"你这样拒绝行使你的自由本身只能作为自由的一种行使方式，对你来说才是可理解的。康德很早就指出了这一点：在自愿行动的过程中，你不可能在思想中抛弃你自己的自由，因为进行慎重思考的过程本身只有在预设自由的前提下才能进行下去，即预设作为原因的你的信念、欲望和其他理由与你实际做出的决定之间存在间隙，只有在此预设下你才能进行慎重的思考。

如果我们要准确地谈论这一点，我认为我们必须说(至少)存在三个间隙。第一，存在做出理性决定的间隙，即你试图下定决心要做什么的间隙。这里的间隙是你下定决心的理由与你实际做出的决定之间的间隙。第二，决定与行动之间存在间隙。正如做出决定的理由在因果关系上不足以产生决定一样，决定在因果关系上也不足以产生相应的行动。当你下定决心之后，你实际上必须那样做时，间隙就出现了。再说一次，你不能袖手旁观，让决定因致行动，就像你不能袖手旁观，让理由因致决定一样。例
如，让我们假定你已下定决心你将投票给候选人琼斯。你坚定地 15
怀着这个决定走进投票站，一旦到了那里你仍然必须投票给琼斯。但有些时候由于第二个间隙，你就是没有把票投给琼斯。出于各种各样可能的理由，或许没有理由，你没有做你已决定做的事情。

第三个间隙因行动和行动在时间中的持续而产生，即开始行

动与行动持续到完成之间的间隙。例如，假设你已决定学习葡萄牙语、游过英吉利海峡或写一部关于理性的著作。第一是在做出决定的理由与决定之间有间隙；第二是决定与行动的开始之间有间隙；第三是开始执行任务与执行任务的活动持续到任务完成之间有间隙。即使你已经开始行动，你也不能让原因自行发挥作用；你必须不断地自愿做出努力以继续完成该行动或活动。

讨论到此，我想强调两点，即间隙的存在和间隙对于理性话题的中心地位。

支持间隙存在的论证是什么？我将在第三章中更详细地阐述这些论证；就当下的目的而言，我们可以说，最简单的论证就是我刚才给出的那些论证。考虑一下任何做出理性决定和行动的情形，你会发现你有一种向你开放的另外的可能性的感觉，并且你的行动和慎重考虑只有在预设那些另外的可能性的前提下才是合情合理的。比较一下这样的情形与那些你不具有别的可能性的感
16 觉的情形。当你处于怒不可遏的状态时，正如人们所说，你完全失去了自我控制，你没有你可以做其他事情的感觉。

理解间隙存在的另一种方式是留意如下的事实：在做出决定时，你经常有几个不同的理由来采取某个行动，但你只是基于其中一个理由而非其他理由来采取行动，并且你无须观察就知道你是基于哪个理由而采取的行动。这是一个值得注意的事实，请注意我们用来描述它的奇特用语：**你基于**如此这般的理由而**行动**。比如说，假定你有一大堆理由支持和反对在总统选举中投票给克林顿。你认为他在经济方面会是一位较好的总统，但在外交政策方面会比较糟糕。你喜欢他曾就读于你的母校，但不喜欢他的个

人风格。最后你投票给了他，因为他曾就读于你的母校。理由没对你起作用。反而是你**选择**了一个理由并基于该理由而采取行动。你通过**基于这个理由而行动**使它变得有效。

顺便说一句，这就是为什么对你的行为的解释与行为的证成可能不是同一回事。假设你被要求证成投票给克林顿的合理性，你可以诉诸他对经济的卓越管理来做到这一点。但实际情况可能是，你投票给他的真正理由是他曾就读于你在牛津的母校，你认为“对母校的忠诚优先”。这种现象引人注目的地方在于：正常情况下，你无须观察就知道哪个理由是有效的，因为是你使它有效的。也就是说，一个行动的理由是有效的理由，仅当你使它有效。

对间隙的理解对于理性这个话题至关重要，因为理性只能在间隙中发挥作用。尽管自由的概念和理性的概念有很大不同，但 17
理性的范围正好是自由的范围。支持这一点的最简单的论证是，只有在非理性可能的情况下，理性才是可能的，并且这一要求意味着在各种理性选项和非理性选项之间进行选择的可能性。该选择的范围就是我们所讨论的间隙。理性只有在间隙中才能发挥作用的说法对于理论理性和实践理性来说都是正确的，但对理论理性来说，这一点更不容易被察觉到，所以我把它留到以后讨论，现在集中讨论实践理性。

在本书中我还有大量关于间隙的内容要说，在某种意义上说，这本书正是关于间隙的书，因为关于理性的问题就是关于间隙的问题。当下还有两点要说。

第一，什么东西填充了这个间隙？什么都没有。没有任何东西填充这个间隙：你下定决心要做某事，或者你只是退退缩缩地去做你要做的事情，或者你执行你之前做出的决定，或者你继续做你已着手做的事情，或者不再继续做你已着手做的事情。

第二，虽然这些经验我们全都有，这一切难道不是幻觉吗？可能是幻觉。我们关于间隙的经验并不能自我确证。根据我到目前为止所说的，自由意志仍有可能是一个巨大的幻觉。关于间隙的**心理实在**并不能保证其相应的**神经生物学实在**。这些问题，我将在第九章进行探讨。

2. 理性并非完全是遵循理性规则的问题，甚至在很大程度上不是遵循理性规则的问题。

让我们转向经典模型的第二个主张，即理性是一个关于规则的问题，只有当我们根据那些规则来思考和行动时，我们的思考
18 和行动才是理性的。当被要求证成这一主张的合理性时，我认为大多数传统理论家只会诉诸逻辑规则。经典模型的捍卫者可能提出的一种很容易理解的论证，比方说，一个简单的肯定前件式的论证：

如果今晚下雨，地面就会湿。

今晚会下雨。

因此，地面会湿。

现在，如果你被要求证成这个推论的合理性，诉诸肯定前件式的规则是很有诱惑力的，这规则是：p，并且如果 p 则 q，它们一起蕴含着 q。

$$(p\&(p\rightarrow q))\rightarrow q$$

但这是一个严重的错误。当你这样说时，你就陷入了刘易斯·卡罗尔悖论。[1] 我现在就提醒你这是怎么回事：阿基里斯和乌龟正在争论，阿基里斯说(这不是刘易斯·卡罗尔所举的例子，但表达了同样的观点)，“如果今晚下雨，地面就会湿，今晚会下雨，因此地面会湿”；乌龟说，“很好，写下来，写下所有这些东西”；当阿基里斯全部写下来后，乌龟说：“我不明白你是如何从‘因此’之前的内容得出‘因此’之后的内容的。什么东西迫使你做出这一步推论的，或者说，什么东西证明你做出这一步的推论是合理的？”阿基里斯说，“哦，这一步是根据肯定前件式的规则而得出的，这规则是：p，并且如果 p 则 q，它们一起蕴含着 q”。“好吧，”乌龟说，“把它写下来，把它和其他的都写下来。”当阿基里斯写下来后，乌龟说：“很好，我们已把所有的东西都写下来了，但我还是不明白你是如何得出那个结论的，即地面会湿的结论。”“你没明白吗？”阿基里斯说，“只要你有 p，如果 p 19
则 q，并且你有肯定前件式的规则，即只要你有 p，如果 p 则 q，你就可以推论出 q，因此你可以推论出 q。”“很好，”乌龟说，“现在把所有这些都写下来。”现在你知道这是怎么回事了。我们开始陷入无限倒退。

避免无限倒退的方法是拒绝走出致命的第一步，即拒绝假设肯定前件式规则在推理的有效性中**发挥任何作用**。这一推导并非是从肯定前件式的规则中获得其有效性；这个推理本身反而是完全有效的，无须任何外来的帮助。更准确地说，肯定前件式的规

[1] Lewis Carroll, “What Achilles Said to the Tortoise,” *Mind*, 4: 278-280, April 1895.

则的有效性来自这样一个事实，即它表述了无数独立有效的推理的模式。实际的论证并不从任何外部来源获得其有效性：如果论证是有效的，那么它的有效性只是因为其前提蕴含其结论。因为语词本身的含义足以保证推理的有效性，所以我们可以找一个形式化的模式来描述无数个这样的推理。但推理的有效性并不是从其模式中得来的。所谓肯定前件式的规则不过是陈述了无数这种独立有效的推理的模式而已。请记住：**如果你认为需要一个规则来从 p 和“如果 p 则 q”推出 q，那么你还需要一个规则来从 p 推出 p。**

适用于这个论证的东西也适用于任何有效的演绎论证。逻辑有效性并不源自逻辑规则。

准确理解这一点很重要。人们通常说，阿基里斯的错误在于
20 将肯定前件式视为另一个前提，而不是视为规则。但这是错误
的。即使阿基里斯将其作为规则而不是作为前提而写下，仍然会
出现无限倒退。说推理的有效性既来自推理的前提，又来自推理
的规则，这同样是错误的，事实上这是同一个错误。[1] 正确的说
法是逻辑规则在有效推理的有效性中不起任何作用。如果论证是
有效的，就必须它们本身就是有效的。

我们的复杂巧妙让我们看不到这一点，因为证明论的成就如此巨大，并且在计算机科学等领域取得了如此重要的回报，以至于我们认为肯定前件式的句法模拟同逻辑的“规则”实际上是同

---

〔1〕 关于这一主张的范例，参见：Peter Railton，“On the Hypothetical and the Non-Hypothetical in Reasoning about Belief and Action，” pp. 53-79 in G. Cullity and B. Gaut，*Ethics and Practical Reason*，Oxford：Oxford University Press，1997，esp. pp. 76-79。

一回事。但它们却截然不同。如果你有一条实际的规则，规定每当你看到或你的计算机“看到”如下形状的符号：

> p，
>
> 接着是一个以下形状的符号：
>
> p→q，
>
> 你或计算机就写下以下形状的符号：
>
> q。

你有一条可以遵循的实际的规则，并且可以将其编程到机器中，从而因果性地影响计算机的运行。这是证明论对肯定前件式规则的模拟，它确实是实质性的，因为该规则操作的记号是些毫
无意义符号。该规则也可操作其他未解释的形式化元素。 21

因此，我们忽视了这样一个事实：在现实生活的推理中，肯定前件式的规则根本不起任何证成作用。我们可以构造出证明论的或句法的模型，该模型准确地反映出真实的人类推理的实质性过程，或富有内容的过程。当然，众所周知，你可以用这种模型做很多事情。如果你的句法正确，那么你可以在开始时插入语义，它会“搭便车”而行，最后你会得到正确的语义，因为你有正确的句法转换。

这里有一些著名的问题，最著名的是哥德尔定理，但如果我们把它们放在一边，我们的推理在机器模型中模拟的复杂性会让我们忘记语义内容。但现实生活中推理的有效性是由语义内容来保证的，**而非句法规则**。

关于刘易斯·卡罗尔悖论，有两个重要的哲学观点需要指出。第一，我一直在强调的一点是，规则在推理的有效性中没有

发挥任何作用。第二是关于间隙的问题。我们**需要区分作为逻辑关系的蕴涵和有效性与作为人类自愿活动的推理**。就我们所考虑的情形而言，前提蕴含结论，因此推论有效。但没有任何东西可以迫使任何实际的人做出这样的推理。人类的推理活动与任何其他自愿活动一样，都存在同样的间隙。即使我们让阿基里斯和乌龟都相信那个推理本身就是有效的，肯定前件式的规则并不为那
22 个推理提供任何有效性，尽管如此，乌龟仍然可能非理性地拒绝做出那个推论。这种间隙甚至适用于逻辑推理。

我并不是说没有任何规则能对我们做出理性的决定提供帮助。相反，这样著名的规则甚至箴言还有很多。以下是其中的几个："一针及时省九针。""三思而后行。""笑到最后的人笑得最好。"还有我最喜欢的："内心自有其理，而理智不知。"我的意思是，理性不是由一套规则构成的，思想和行动上的理性也不是由任何一套规则来定义的。意向状态的结构和言语行为的构成规则已经包含了理性的约束。

3. 不存在独立的理性能力。

我所说的其言外之意应是，不同于语言、思维、知觉等能力和各种形式的意向性，理性不可能是一种独立的能力，因为理性约束已经内置于一般的意向性结构之中，尤其是内置于语言结构之中，理性在意向性结构和语言之内。一旦你有了意向状态，一旦你有了信念、欲望、希望和恐惧，特别是一旦你有了语言，那么你就已经有了理性的约束。也就是说，如果你有一头野兽，它有基于其知觉而形成信念的能力，除信念而外，它还有产生欲望的能力，还有用语言来表达这一切的能力，那么它已经在这些结

构中内置了理性约束。举例来说，“这是真的，还是假的?”“它与我说的其他事情是一致的，还是不一致的?”对于诸如此类的问题，如果你不能有明确的态度，那么你就不可能做出任何陈述。因此，理性约束并不是意向性和语言之外的另一种能力。一 23
旦你有了意向性和语言，你已经拥有的这些东西就内在地、构成性地有了理性约束。

对此，我喜欢这样来思考，即理性约束应该以副词的方式来思考。它们是我们协调我们的意向性的方式问题。它们是我们协调我们的信念、欲望、希望、恐惧、知觉以及其他意向现象之间关系的方式问题。

这种协调活动预设了间隙的存在。它预设了任何给定点的现象在因果关系上都不足以确定问题的合理解决方案。我想我们现在可以明白为什么说同样的观点既适用于理论理性，又适用于实践理性。如果我把我的手举到我的面前，看到我的手，这里就没有间隙，因为如果光线充足并且我的视力很好，我不得不看到我面前的手。这不由我决定。因此，这种知觉不存在理性或非理性的问题。但现在假设我拒绝相信我面前有一只手，即使在这种情况下，我也无法不看到它。假设我就是拒绝相信它：“你说那里有一只手，但我完全拒绝相信这种说法。”现在确实出现了理性问题，我想我们会说我在这种情况下是不理性的。

我想强调一下我之前提出的一个观点。只有当你有不理性的可能性时，你才能拥有理性。只是纯粹的、原始的知觉，就不会涉及理性或非理性的问题。理性或非理性只有在你有间隙的情况下才会发挥作用，在这种情况下，意向现象的存在本身不足以因 24

致相应的结果，这就是你必须决定你要做什么或想什么的情形。

这就是由充足的因果条件决定其行为的那些人被排除在理性评价的范围之外的原因所在。例如，不久前我参加一个委员会的会议，一个我以前很尊敬的人以最愚蠢的方式投了票。后来我对他说，“你怎么会在这个问题上那样投票呢?”他说，“哦，我只是因不可救药的政治正确。我就是情不自禁。”他的说法等于是说，他在这件事上做出的决定超出了理性评价的范围，因为这个明显非理性的行为是他别无选择的结果，其行为的原因足以因致其结果。

4. 意志薄弱是理性一种常见的、自然的形式。它是间隙的自然结果。*

根据经典模型，意志薄弱的情形严格来说是不可能的。如果行动之前的状态既是理性的又是因果性的，并且原因设定了引起结果的充分条件，那么行动就必须随之产生。由此可见，如果你没有做你打算做的事情，那只能是因为你设定行动前因的方式出了问题。你的意图不是适当的意图，[1] 或者你没有全心全意地去
25 做你声称会做的事情。[2] 我想说的反而是，无论你将行动前的状态构造得多么完美，意志薄弱的行为始终是有可能的。情况是这样：在我们清醒状态下任何特定时刻，我们都面临着无限多的可

---

* 此处原文为：“Weakness of will is a common, natural form of irrationality. It is a natural consequence of the gap.”此处的“irrationality”应为“rationality”，否则前后文无法讲得通。这个词对于准确理解作者的真实意思非常关键，因而不得不根据上下文的意思将其改为“rationality”（理性）。——译者注

〔1〕 Donald Davidson, “How Is Weakness of the Will Possible?” *Essays on Actions and Events*, Oxford: Clarendon Press, Oxford University Press, New York, 1980.

〔2〕 R. M. Hare, *The Language of Morals*, Oxford: Oxford University Press, 1952.

能性。我可以举起我的右臂，或者举起我的左臂；我可以把帽子戴在我头顶，也可以挥舞它。我可以喝水，也可以不喝水。更激进些，我可以走出房间去遥远的廷巴克图，或者加入一个修道院，或者做其他任何事情。我有一种有无限可能性的感觉。当然，在现实生活中，我的背景、我的生理限制以及我成长于其中的文化都会为这些可能性设定限制条件。背景限制了我对任何特定时间向我开放的可能性的感觉。比如，在现实生活中，我无法想象去做圣西蒙·斯泰利特斯（St. Simeon Stylites）所做的事情。他在一根柱子顶上度过了 35 年，只是坐在柱顶很小的平台上，这一切都是为了上帝的荣耀。这不是我会认真考虑的选项。但我能视为选项的实际选项的范围依然不确定。意志薄弱只是源自这样一个事实：在任何时候，间隙都为我提供了向我开放的范围不确定的大量选项，其中一些选项，即便我已下定决心拒绝它们，但它们看起来还是很有吸引力。无论你如何以在先的意向状态——信念、欲望、选择、决定、意图——的形式构建行动的原因，在自愿行动的情况下，原因仍然没有定下行动的充分条件，这就为意志薄弱开辟了道路。

我们的哲学传统中有一个不幸的特征，即我们把意志薄弱行
为理解成非常奇异、非常古怪的事情。然而，我不得不说，我认 26
为意志薄弱行为在现实生活中是很常见的事情。我将在第七章专门讨论这个问题，所以现在就不多说了。

5. 与经典模型相反，存在独立于欲望的行动理由。

我想要挑战的经典模型的第五个命题在我们的哲学传统中有着非常悠久的历史。这个观念是这样的：理性行为只能由欲望驱

动，这里的“欲望”做广义理解，包括一个人已经接受的道德价值和一个人做出的各种评价。欲望不必都是利己主义的，但对于任何理性的审慎考虑过程来说，行为主体在该思考过程之前必须有某种欲望，否则就没有推理的基础。如果你事先没有一系列欲望，你就没有进行推理的任何基础。因此，不可能对目的进行推理，只能对手段进行推理。这种观点的当代精致版本可以在伯纳德·威廉姆斯的著作中找到，[1] 他声称行为主体的行动不可能有任何“外在的”理由。任何作为行为主体之理由的理由都必须诉诸“内在”于他的“动机集”的因素。用我的术语来说，这就等于说不可能有任何独立于欲望的行动理由。

后面我会详细批评这种观点，但此时我只想提出一点批评意
27 见。这种观点具有以下荒谬后果：在一个人生命中的任何特定时刻，无论事实如何，无论一个人过去做了什么或对自己的未来知道什么，没有人有任何理由去做任何事，除非那个人当下的动机集中有一个要素，即一种广义上的做那件事的欲望，或者一种将做那件事作为达到“目的”之“手段”的欲望，即将做那件事作为满足欲望的一种手段。

这为什么很荒谬？让我们尝试将其应用于现实的生活事例吧。假设你走进一家酒吧并点了一杯啤酒。服务员送来啤酒，你

---

〔1〕 Bernard Williams, “External and Internal Reasons,” 重印于他的 *Moral Luck: Philosophical Papers* 1973—1980, Cambridge: Cambridge University Press, 1981, pp. 101-113。威廉姆斯否认他的模型仅限于目的手段推理，但他考虑的其他类型的例子，比如创造备选的行为方式，在我看来并没有改变他的模型的基本结构，即目的手段的结构。请参阅他的“Internal Reasons and the Obscurity of Blame”，重印于他的 *Making Sense of Humanity and Other Philosophical Papers*, Cambridge University Press, 1998, pp. 38-45。

就喝了。然后服务员递给你账单，你对他说：“我查看了我的动机集，我没有发现支付这杯啤酒费用的内在理由。完全没有。点啤酒和喝啤酒是一回事，在我的动机集中找内在理由是另外一回事。两者在逻辑上是独立的。支付啤酒钱并不是我本身想要做的事，也不是达到表征在我的动机集中目的的手段，也不是表征在我的动机集中的目的的构成部分。我读过威廉姆斯教授的著作，也读过休谟关于这个主题的著作，我仔细地查看了我的动机集，我在那里找不到任何支付这笔账单的欲望！我就是找不到！因此，根据所有关于推理的标准解释，我没有任何理由为这杯啤酒买单。这不仅是我没有足够有力的理由，或者我有其他相互冲突的理由，而是我根本没有任何理由。我查看了我的动机集，检查了整个清单，我没有发现可以通过合理的审慎思考致使我去支付那杯啤酒钱的任何欲望。”

我们觉得这种说辞很荒谬，因为我们知道，当你点了啤酒并喝下它时，如果你是一个神志正常且理性的人，你就是在故意**创** 28
设一个独立于欲望的理由，一个做某事的理由，当做那件事的时间到来时，做那件事的理由跟你的动机集里是什么无关。荒谬之处在于，在经典模型中，行为者行动的理由的存在取决于其动机集合中某种心理因素的存在，即取决于广义上解释的当下的欲望的存在；无论关于行为主体及其经历的所有其他事实如何，也无论他知道什么，只要没有那欲望，他就没有行动的理由。但在现实生活中，单纯关于世界上外部事实的知识，比如你点了啤酒并喝了它的事实，就可以是一个合理且令人信服的付费理由。

如何可能存在独立于欲望的行动理由？这个问题是一个有趣

且重要的问题。我认为大多数的标准解释都是错误的。我打算在本书的第六章专门对这个问题进行深入探讨，因此我在这里不做更多讨论。

经典模型的这个方面实际上有两条线索。首先，我们应该认
为所有推理都是关于手段的推理，而不是关于目的的推理，行动
没有外在理由。其次，我们要相信一个推论，即动机集中的初始
目的不在理性的范围之内。请记住，休谟还说过，“宁可毁灭整
个世界，也不愿划伤我的小指，这并不违反理性的要求”。评价
任何此类主张的方法始终是将其用于现实生活中的事例。假设美
29 国总统在电视上说：“我应该宁愿划伤我的小指而不毁灭整个世
界。对此，我已经咨询了内阁成员和国会领导人，并已经做出决
定，我完全没有理由这样做。”如果他在现实生活中这样做，用
休谟时代的术语来说，我们会觉得他“失去了理智”。休谟的说
法和一般论点都有些可疑，这个一般的论点如下：一个人的初始
目的可以是任何东西，它们完全不在理性的范围之内，就初始欲
望来说，一切都具有平等的地位，并且都是同样的随心所欲。我
认为这不是看待这些问题的正确方式。

不存在独立于欲望的行动理由、不存在外在理由的观点在逻辑上与休谟的信条紧密相关，休谟的信条是人们不能从“是”推导出“应该”。它们之间的联系在于“应该”陈述表达的是行动的理由。说某人应该做某事，就意味着他有这样做的理由。因此，休谟的主张等于说：断言行动的理由存在的陈述不能从关于“事物是怎样的陈述”中推导出来。但事物是怎样的，取决于世界上的事物本身怎样存在，它们的存在独立于行为主体的动机

集。因此，根据这种解释，关于世界上事物怎样存在的主张不能推出行为主体动机集中有任何理由存在（人们不能从“是”推导出“应该”），这与如下主张密切相关：世界上没有任何独立于行为主体的事实本身就构成了行动的理由（没有外在理由）。休谟说，实际上我们无法从事实得出价值；威廉姆斯说，我们无法从外在事实本身得出动机。价值和动机的联系点在于接受一个价值就是接受一个动机。无论我们如何解释这两种说法，我认为它们 30
显然都是错误的，我打算在本书中详细讨论这个问题。

6. 行动的理由不一致是很常见的，实际上是不可避免的。理性的决定必须从一组不矛盾的欲望或其他行动的初始理由开始，这样的理性要求不存在。

我想谈的最后一点是一致性问题。如同关于意志薄弱的论点一样，经典模型主张一个人的推理所依据的一组初始欲望必须是一致的，在我看来，经典模型的这一部分不是稍微有点错误，而是彻底错了。在我看来，最实际的推理通常是在相互冲突的、不一致的欲望和其他理由之间做决断。今天此时此刻，我非常希望是在巴黎，但我也非常希望是在伯克利。这并不是什么奇怪的事情。在我看来，我们拥有矛盾的目的集反而是常有的事。鉴于另外的前提，即我知道我不能同时既在伯克利又在巴黎，因而我有一个矛盾的欲望集；理性的任务，即实践理性的任务，就是力图找到某种方式在各种不一致的目标之间做出裁决。在实践推理中，你通常必须弄清楚如何放弃满足某些欲望以便满足其他欲望。文献中解决这种问题的标准方法是说，理性不涉及欲望本身，只涉及我们的**偏好**。理性的审慎思考必须从一个井然有序的

偏好表开始。这个答案的问题在于，在现实生活中，审慎思考在很大程度上就是要形成一套偏好表。一组井然有序的偏好通常是
31 成功的深思熟虑的结果，而不是其**前提条件**。我更想要在伯克利还是巴黎？好吧，我必须得考虑一下。

即使在你下定决心之后，你也决定说，“好吧，我去巴黎”，这个决定本身就会带来另外的各种冲突。你想去巴黎，但你不想在机场排队，你不想吃飞机上提供的食物，你不想坐别人旁边，因为你想要放胳膊肘的地方，别人也想要把他的胳膊肘放在上面。如此等等。有各种各样的事情是你不希望发生的，但你知道，一旦你要执行乘坐飞机去巴黎的决定，这些事情就会发生。一种欲望的满足就使得你不能满足其他欲望。我想强调一点：有一个悠久的传统跟经典模型联系在一起，即不一致的行动理由，比如不一致的义务，在哲学上被认为是奇怪的，或不寻常的。传统上的人们经常说，那些明显不一致的义务并不是实实在在的义务，而仅仅是“显见的”的义务，以此来掩盖这种不一致。但做理性的决定通常就是在相互冲突的行动理由之间进行选择，只有当那些义务都是真正的义务时，你才会面临真正的义务冲突。如何可能有逻辑上不一致但同等有效的行动理由，为什么实践理性一定要涉及这种同等有效而逻辑上又不一致的理由之间的冲突，这是很重要的问题。我将在后续章节中更详细地讨论它。

揭示我希望加以克服的传统的一些构成性原则，初步陈述我对该传统的一些反对意见，以此来介绍本书的主题，这就是本章
32 的目的。我们这一章是从柯勒的黑猩猩开始的，让我们也以它们来结束本章。根据经典模型，人类理性是黑猩猩理性的扩展。我

们是极其聪明、会说话的黑猩猩。但我认为人类理性和黑猩猩的工具推理之间存在一些根本性的区别。就理性而言，人类有创设、承认独立于欲望的行动理由并据此而行动的能力，这是人类与动物界其他动物之间最大的一个区别。我将在本书的其余部分探讨人类理性的这一特征和其他特征。

33

第二章　意向性、行动和意义的基本结构

我在第一章中说过，实践理性讨论中的许多错误都源自人们坚持错误的理性观念，我将这一观念称为“经典模型”。但还有第二个原因导致了许多错误，即参与问题讨论的人很少从关于意向性和行动的适当哲学出发。对心灵、语言和行动没有一个适当的总体观念，就要试图撰写关于理性的著作，这如同在不了解汽车、公共汽车、火车和飞机的情况下试图撰写关于交通工具的著作一样。比如，人们常问一个问题：什么东西可以像真理之于信念的关系一样之于行动呢？这个想法是，如果我们能够像清楚信念与真理的关系一样，更清楚地了解行动的目的，那么实践理性的主题就会以某种方式变得更加清晰。但这整个问题是混乱的。没有任何东西跟行动的关系像信

念与真理的关系一样，我希望当我解释清楚行动的意向性结构时，为何如此的原因将变得完全清晰。

在本章中，我会简要介绍关于人类行为、意义和制度性事实之意向性结构的一般理论。如果你首先不理解什么是意向性行 34
动，就不可能理解理性行动；人类通过创设承诺和其他有意义的东西，从而创设理由，如果你不理解人类是如何这样做的，就不可能理解行动的理由。但如果不首先对意向性有一些总体性的理解，就不可能理解这些概念。除非读者清楚心理模式、意向内容、满足条件、适应指向、意向性因果关系、因果自我指涉、地位功能等基本概念，否则他或她就不会理解接下来的论证。我在本章中所说的内容几乎完全是我其他书中内容的重复，尤其是重复了《意向性》[1]和《社会实在的构建》[2]这两本书中的内容。想要了解本章所列要点更详细的阐释以及那些结论的论证，读者应查阅这些书籍。熟悉这些书中论证的读者可以快速读完本章。

我不知道如何有效地呈现本章内容，除非以《逻辑哲学论》的风格将其列成一组编号的命题。

1. 意向性的定义：意向性就是指向性。

哲学家所使用的“意向性”一词是指心理状态的一个特征，即心理状态通过它而指向、涉及或关联其自身之外的世界中的事态。“意向性”与普通英语中的“意图”没有特殊的联系，例如， 35
我意图今晚去看电影，这里的“意图”与“意向性”没有特殊联

[1] John R. Searle, *Intentionality: An Essay in the Philosophy of Mind*, Cambridge: Cambridge University Press, 1983.

[2] John R. Searle, *The Construction of Social Reality*, New York: The Free Press, 1995.

系。意图只是意向性中的一种。例如，信念、恐惧、希望、欲望和意图都是意向状态，爱和恨、恐惧和喜悦、骄傲和羞耻等情感亦是如此。任何指向其自身之外的事物的状态都是意向状态。例如，视觉经验是意向性的，但无针对性的焦虑则不是。

2. 意向状态由内容和心理模式构成，其内容往往是一个完整的命题。

意向状态通常具有跟言语行为结构类似的结构。正如我可以命令你离开房间、问你是否会离开房间、预估你会离开房间一样，我也可以希望你离开房间，担心你会离开房间，或想要你离开房间。这里每种情况都有一个命题内容，即你将离开房间，这命题内容出现在各种各样的语言模式或心理模式之中。就语言模式而言，比如，它可以以问题、预测、承诺或命令的形式出现。就心理模式而言，比如，它可以以信念、恐惧和欲望的形式出现。因此，我将用以下形式表示意向性的一般结构：

S（p）

这个表达式中的“S”表示心理状态的类型，“p”表示该状态的命题内容。做出这种区分是至关重要的，因为相同的命题内
36 容可以出现在不同的心理模式之中。例如，我既可以相信会下雨，又可以希望会下雨；当然，同一心理模式，比如信念，潜在地可接纳无限多的不同命题内容。我可以相信各种各样的事情。

并非所有意向状态都有一个完整的命题作为其意向内容。信念和欲望有完整的命题作为其意向内容，但爱和恨却不一定。例如，一个人可以只是爱莎莉或恨哈利。因此，一些哲学家将带有完整命题内容的意向状态称作“命题态度”。我认为这个术语容

易制造混乱，因为它暗示说信念或欲望是对命题的态度，但事实并非如此。如果我相信克林顿是总统，我的态度指向的是克林顿本人，而不是指向这个命题。命题是我的信念的内容，而不是信念指向的对象。因此，我将避免使用“命题态度”这一术语，而只是称其为“意向状态”，并在意向状态中区分那些以整个命题为其内容的状态和那些不以整个命题为其内容的状态。因此，相信克林顿是总统与恨哈利之间的区别可表示如下：

相信(克林顿是总统)

恨(哈利)

3. 命题性的意向状态通常具有满足条件和适应指向。

带有命题内容的意向状态可以与现实相符，也可以不相符，而它们应该如何跟现实相符的方式是由心理模式决定的。例如，信念的真假取决于信念的内容是否跟独立存在的现实相符。但欲望没有真假之分；他们是满足还是挫败，取决于现实是否符合欲望的内容，或现实是否变得跟欲望的内容相符。意图和欲望相似，没有真假之分，而是实现或没实现，意图是否实现取决于有那意图的人的行为是否与那意图的内容相符。为了解释这些事实，我们需要“满足条件”和“适应指向”这两个概念。信念、欲望和意图等意向状态具有满足条件和适应指向。如果信念为真，则满足；如果为假，则不满足。欲望如果实现了就会满足，如果受挫就不会满足。意图如果实现则满足，如果没实现则不满足。

此外，这些**满足条件**会带来不同的适应指向，或不同的适应责任。举例来说，一个信念可以为真或为假，这取决于该信念的命题内容实际上与世界上独立于该信念而存在的事物的样态是否相符。例如，如果我相信正在下雨，当且仅当正在下雨时，我的信念才为真，因此满足条件实现。因为同世界上独立存在的事态相符，正是信念的责任，所以我们可以说信念具有**心灵向世界的适应指向**。信念作为心灵的一部分来表征或适应独立存在的现实，这是它的任务，这表征或适应的成败取决于心灵中信念的内容是否确实符合世界上的实际状况。另一方面，欲望具有同信念相反的适应指向。欲望表征的不是世界上事物是什么样的，而是
38 我们想要它们是什么样的。因而可以说，适应欲望是世界的任务。不同于信念，欲望和意图具有**世界向心灵的适应指向**。如果我的信念为假，我可以通过改变信念来使得它为真，但如果我的欲望没得到满足，我却不能以同样的方式来使其满足，即不能通过改变这欲望来使得它被满足。为了解决问题，世界必须改变以符合欲望的内容。出于这个原因，我说欲望和意图与信念不同，它们具有**世界向心灵的适应指向**。

这种区别在日常语言的说法中是显而易见的，我们不会说欲望和意图是真还是假。我们而是说，欲望得到满足或没得到满足，意图得到实现或没实现，它们的满足与否、实现与否取决于世界是否变得与欲望或意图的内容相符。判断一种意向状态是否具有心灵向世界的适应指向，最简答而初略的现成测试是，你能否真正地说它是真还是假。

有些意向状态，诸如许多情感状态，没有这种意义上的适应指向，因为它们预设了情感的命题内容已经得到满足。因此，如果我对法国赢得了世界杯感到欣喜，我确实理所当然地认为法国

赢得了世界杯。我的欣喜是以法国队赢得了世界杯为命题内容的，我预设这个命题内容是符合现实的。表征我相信世界实际上是什么样的，或者表征我想要它是什么样的，这都不是欣喜这种意向状态的要点，相反，它预设了那个命题内容跟现实相符。在这种情况下，我说那个意向状态具有空适应指向或零适应指向。因此我们可以识别出三种适应指向：心灵向世界的适应指向，这
是信念和其他认知状态的特征；世界向心灵的适应指向，这是意 39
图和欲望以及其他意志和意欲状态的特征；零适应指向，这是诸如骄傲和羞耻、喜悦和绝望等情感状态的特征。尽管许多情绪本身没有适应指向，但它们通常包含欲望和信念，并且这些确有适应指向。因此，爱、恨等情感可以在实践推理中起作用，因为它们包含着欲望，而这些欲望确实有适应指向，因而能够激发理性行动。这个特征在我们讨论动机时非常重要。

满足条件和适应指向的概念，既适用于心灵性的东西，也适用于语言性的东西。事实上，正是由于与言语行为的相似之处，我才得出了许多关于心灵本质的结论。陈述，就像信念一样，表征了它们的带有语词向世界(类似于心灵向世界)之适应指向的满足条件；命令和诺言，就像欲望和意图一样，表征了它们带有世界向语词(类似于世界向心灵)之适应指向的满足条件。

4. 严格说来，世界上有很多东西既不属于心灵，也不属于语言，但它们具有满足条件和适应指向。

比如说，领土地图可能是精确的，也可能是不精确的；它具有地图向世界的适应指向。建造房屋的蓝图要么被遵循，要么没被遵循；它们具有世界向蓝图的适应指向。承包商应建造建筑物

并使之符合蓝图。需要、义务、要求、职责也不是任何严格意义上的语言性的东西，但它们也有命题内容和适应指向。它们具有
40 跟欲望、意图、命令和承诺相同的适应指向。例如，如果我有义务支付费用，那么当且仅当我支付了这些费用，我的义务才会被解除（被满足）。因此，当且仅当世界发生变化以符合义务的内容时，义务才得以满足。需要、要求、承诺和责任，就像义务一样，有一个适应指向，即要求世界发生改变来符合需要、要求、承诺或责任，以便使它们得到满足。

我喜欢使用非常简单的隐喻，并将信念、陈述和地图等现象形容成悬浮在世界之上、指向它们所表征的世界的东西。所以我认为语言向世界、心灵向世界的适应指向是朝下的。我有时用向下的箭头表示这种适应指向。相应地，欲望、意图、命令、承诺、义务和责任具有世界向心灵、世界向语言的适应指向。我将这种适应指向看作朝上的，我用向上的箭头表示它。为了避免冗长的语词，我有时会只是分别说“向下”和“向上”，有时只是画一个向下或向上的箭头。

无论我怎么高估这个相当枯燥的讨论对于理解理性的重要性都不过分。**理解行动中的理性，其关键是理解间隙与向上适应指向的关系。**

5. 意向状态通常由一种特殊的因果关系（即意向性因果关系）来发挥因果作用，其中一些意向状态将因果关系内置于其满足条件之中，这些状态是因果性自我指涉的。

一件事导致另一件事发生，这是因果关系的一般观念。因
41 此，在因果关系的经典例子中，台球 A 撞击台球 B，导致其移

动。有时人们说，这种因果关系只是因果关系的一种，即亚里士多德所说的“动力因”。至少还应该有其他三种类型的因果关系，也用亚里士多德的术语来说，那就是形式因、目的因和质料因。我认为这整个讨论都很混乱。因果关系只有一种，那就是动力因果关系。然而，在动力因果关系中，有一个跟心灵因果关系有关的重要子类别。这样的情形是某事物因致某种心灵状态，或者一种心灵状态因致其他事物。在心灵因果关系这个子类别中，还有另一个子类别，即**意向性因果关系**。就意向性因果关系而言，要么意向状态因致其满足条件，要么意向状态的满足条件因致该意向状态。用略有不同的术语来表达这同一个意思：就意向性因果关系而言，一个意向状态因致它所表征的事态，或者它所表征的事态因致该意向状态。如果我想喝水，我想喝水的欲望可能会因致我喝水，因此我有了一个意向性因果关系的事实。这欲望具有“我喝水”的内容，并且该欲望因致了“我喝水”的事实(当然我们必须记住，在这种自愿行动的情况下通常有间隙存在)。如果我看到猫在垫子上，那么猫在垫子上的事实就会因致相应的视觉经验，其满足条件的一部分就是猫在垫子上。意向性因果关系是意向状态与其满足条件之间的任何因果关系，即意向状态因致其满足条件，或者其满足条件因致相应的意向状态。

正如我们发现适应指向的观念对于理解意向性和现实世界相互关联的方式至关重要一样，在我看来，我们也需要**因果指向**的 42
观念。如果我口渴，我喝水是为了解渴，那么我的口渴，除其他情况外，是有喝水的欲望，它具有世界向心灵(向上)的适应指向。喝水的欲望如果得到满足，就会由世界的改变而得到满足，这改变就是世界变得跟“我喝水”的欲望的内容相符合。但如果我的欲望因致我喝水，那么我的欲望和我喝水之间的因果关系是从心灵到世界的关系。我心中的欲望因致(当然，这是在间隙的前提下因致)我在世界上喝水。在这种情况下，世界向心灵的适应指向与心灵向世界的因果指向如影随形。例如，就视觉感知而言，适应指向和因果指向是不同的。如果视觉经验如它们所显示的那样，是**真实的**，那么视觉经验就会与世界相符，我们就会有一个成功的心灵向世界的适应指向。但如果视觉经验真正得到满足，那么我在世界上正感知到的事态就一定因致了相应的视觉经验，即通过感知那事态的方式因致那视觉经验。因此，在这种情况下，心灵向世界的适应指向与世界向心灵的因果指向同时发生。

这个例子说明了意向性因果关系的一个特殊子类，在此，我们所讨论的意向状态如果得到满足，它本身必须对其满足条件的产生起因果作用是其满足条件的之一。因此，就意图而言，它与欲望是不同的，除非意图本身恰好因致了意图内容所表征的行动，否则意图就没有真正实现。如果行动是另外的原因引起的，
43 那么意图就没实现。在这种情况下，我们可以说，意向状态的满足条件是**因果自我指涉的**。[1] 因果自我指涉的意向状态有知觉经验、记忆和意图。让我们依次来考虑它们中的每一个。就知觉经验而言，只有当据称被感知到的事态本身因致了相应的知觉经验

---

〔1〕 人们很早以前就认识到了因果自我指涉现象。例如，康德在讨论意志的因果性时就注意到了这一点。据我所知，这个术语最先由哈曼所使用的，参见 Gilbert Harman, “Practical Reasoning,” *Review of Metaphysics*, 29, 1976, pp. 431–463。

时，那经验才会得到满足。因此，举例来说，如果我看到猫在垫子上，那么视觉经验的意向内容就是：

视觉经验（猫在垫子上，并且猫在垫子上的事实因致此视觉经验）。

这个表达式应读作：我现在正有一种视觉经验，其满足条件是猫在垫子上，并且猫在垫子上的事实因致此视觉经验。请注意，我们需要将实际看到的东西与此视觉经验总的满足条件区分开来。实际看到的是猫在垫子上的事实，但此视觉经验总的满足条件还包括了因果自我指涉的部分。需要强调的是，我实际上并没有看到因果关系：我看到了一只猫和一张垫子，我看到前者在后者之上。但为了使我能够做到这一点，那视觉经验总的满足条件中必须有一个因果关系的组成部分，我试图用上面的表达式来刻画的正是这个逻辑特征。

记忆同样具有因果自我指涉性。如果我记得我昨天去野餐了，那么其满足的条件就是我昨天去野餐了，正是我昨天去野餐 44
的事实因致了这记忆。请注意，就知觉和记忆而言，我们有心灵向世界的适应指向和世界向心灵的因果指向。就感知和记忆来说，如果我看到世界实际是怎样的，或者记得它曾是怎样的，心灵向世界的适应指向就实现了，这只能是因为世界当下的样态和曾经的样态因致了我有这样的知觉经验或记忆，因而世界向心灵的因果指向得以实现。心灵向世界的适应指向是凭借世界向心灵的因果指向的成功而实现的。

我们还在意图和行动的结构中发现了因果自我指涉。下面我们就非常简单的情形说一下这是如何运作的。我有一组信念和欲望，根据这些信念和欲望进行推理，我形成了一个意图。这种先于行动而形成的意图，我称为**在先意图**。举例来说，假设在一次会议上我想投票支持一项已提出的议案，并且我相信我可以通过举起右臂来投票支持该议案。因此我形成了举起我手臂的在先意图。这举起我手臂的在先意图的意向内容可以表示为：

在先意图(我举起我手臂，并且这在先意图因致我举起我手臂)。

该表达式应读作：我有一个在先意图，其满足条件是我举起我手臂，并且这在先意图因致我举起我手臂。

在先意图必须与我所说的**行动中意图**区别开来。行动中意图是我在实际执行某项行动时所具有的意图。就这个例子而言，当
45 投票的时刻到来时，主席说“所有赞成的人举起你们的手臂”，我将按我的在先意图而行事，因此我有一个行动中意图，其满足条件是这行动中意图应因致我手臂向上的身体运动。我们可以将其表示如下：

行动中意图(我的手臂举起，并且这行动中意图因致我的手臂举起)。

这个表达式读作：我有一个行动中意图，其满足条件是我的手臂举起，并且正是这个行动中意图因致我的手臂举起。

在日常英语中，与行动中意图最接近的词是“尝试”。如果你有一个行动中意图，但其满足条件没能实现，那么你至少尝试努力过。就典型的预先考虑好的行动而言，我按在先意图而采取行动，例如我举起手臂的这个例子，整个事情的结构如下：我首先形成了一个在先意图，其满足的条件是该在先意图应因致整个

行动；然后我执行整个行动，整个行动由两个组成部分构成，即行动中意图和身体运动，而行动中意图满足的条件是该行动中意图应因致那身体运动。

当然，并非所有行为都是预先考虑好的。我做的很多事情都是相当自发地去做的。在这种情况下，我有行动中意图，但没有在先意图。例如，当我思考哲学问题时，有时我会站起来在房间里走来走去。我在房间里走来走去是有意而为之，尽管我没有相应的在先意图。在这种情况下，我的身体运动是由持续的行动中意图所因致的，但是没有相应的在先意图。

6. 认知和意愿的意向性结构互为镜像，它们的适应指向和因 46
果指向的方向正好相反。

如果我们从行动和知觉开始，我们就能看到这些对称性和非对称性。知觉由两个部分组成。例如，就视觉而言，知觉由有意识的视觉经验以及被感知到的事态一起组成。因此，如果我看到猫在垫子上，那么我有视觉经验，并且世界上也存在相应的事态，即猫在垫子上。此外，如果视觉经验得到满足，其因果性的自我指涉部分也必须得到满足：我正在感知的世界中的事态必须正好因致那个知觉经验。人类的行为正好与此相似，但在适应指向和因果指向的方向上与之相反。因此，成功执行的意向性行动也由两个组成部分构成，即行动中意图，以及通常的身体运动。因此，如果我在实施人类行动时举起我的手臂，那么就有行动中意图；也有作为其满足条件的我的手臂举起，并且正是这个行动中意图因致了我的手臂举起。因此，成功执行的意向性行动的两个组成部分是行动中意图和相应的身体运动。

知觉与行动之关系的对称性和非对称性是一般的认知和意愿

之关系的典型。我们在前面已看到，知觉和记忆这两种认知状态具有心灵向世界的适应指向，以及世界向心灵的因果指向。但在先意图和行动中意图具有与之方向相反的适应指向和因果指向。
47 它们具有世界向心灵的适应指向，以及心灵向世界的因果指向。换一种说法就是：只有当世界变成意图所表征的那样，并且意图因致了世界变成那样时，意图才得以实现。因此，为了得到满足，意图必须实现世界向心灵的适应指向和心灵向世界的因果指向。只有当意图本身因果性地发挥作用以实现世界向心灵的适应指向时，意图才会得到满足。在这种情况下，我们只能凭向下的因果指向来实现向上的适应指向。另外，预先考虑好的行动的典型模式是，你基于信念和欲望而形成一个在先意图。在先意图表征整个行动，而整个行动由两个部分构成，即由行动中意图和身体运动构成。如果在先意图得以实现，它会因致行动中意图，而行动中意图又会因致身体运动。认知与意愿之关系的整个形式结构被描绘在表 1 中。

行动中意图可能是有意识的，也可能是无意识的。当它们是有意识的经验时，我称为“行动经验”，我相信我所说的“行动经验”就是威廉·詹姆斯所说的“努力”的感觉。[1]

表 1

	认知			意愿		
	信念	记忆	知觉	欲望	在先意图	行动中意图
适应指向	↓	↓	↓	↑	↑	↑

〔1〕 William James, *The Principles of Psychology*, Volume Ⅱ, chapter 26, New York: Henry Holt, 1918.

续表

	认知			意愿		
	信念	记忆	知觉	欲望	在先意图	行动中意图
由满足条件决定的因果指向	无	↑	↑	无	↓	↓
因果自我指涉	否	是	是	否	是	是

7. 慎重考虑通常会经由在先意图而导致意向性行动。

在简单的情形中，理由只有信念和欲望，我们可以说：对信
念和欲望以及它们不同适应指向的思考导致一个决定，即在先意
图的形成，这个在先意图具有向上的适应指向和向下的因果指 48
向，这个在先意图具有它因致相应行动的满足条件。行动由行动 49
中意图和身体运动两部分组成，行动中意图以因致相应身体运动为满足条件。因此，预先考虑好的行动的发生次序是：审慎思考因致在先意图，在先意图因致行动中意图，行动中意图又因致相应的身体运动。总的行动由行动中意图和身体动作组成。因此，以箭头代表因果关系，该模式可表示如下：

基于信念和欲望的审慎思考→在先意图→行动中意图→身体运动(行动=行动中意图+身体运动)

就意愿而言，因果自我指涉状态的适应指向始终是世界向心灵的指向，因果指向则是心灵向世界的指向。就认知而言，因果自我指涉状态的适应指向总是心灵向世界的指向，因果指向则总是世界向心灵的指向。只有当意图本身发挥因果作用导致世界向心灵的适应指向得以实现时，意图才会实现这适应指向，因此意图才能得到满足。只有当世界本身因致相应的知觉和记忆时，知

觉和记忆那心灵向世界的适应指向才得以实现，知觉和记忆才能得到满足。就知觉和记忆而言，我们只有凭世界向心灵的因果指向才能实现心灵向世界的适应指向。

8. 意愿结构包含三个间隙。

一旦我们考虑到适应指向和因果指向的差别，认知与意愿在
50 形式结构上主要的非对称性就在于，意愿有间隙。在我们审慎思考和自愿行动的阶段，我们通常**不会**经验到它们具有充分的因致条件，或者**不会**经验到它们为下一阶段设置了充分的因致条件，对于这种现象，我引入了一个概括性的名称，那就是“间隙”。为了本书的需要，我们可以将关于间隙的连续经验细分如下。在审慎思考和行动的结构中，第一个间隙是审慎思考与作为审慎思考之结果的在先意图之间的间隙。因此，如果我正在考虑是否投票支持那个议案，一方面是我支持那个议案或不支持那个议案的理由，另一方面是实际的决定，即投票支持那个议案的在先意图的实际形成，这二者之间存在一个间隙。此外，在先意图和行动中意图之间存在间隙，即决定做某事与实际尝试做某事之间的间隙。但行动中意图和身体运动之间不存在这样的间隙。如果我真的在尝试做某事，并且如果我成功了，那么在因果关系上我的尝试对于成功必然是充分的。第三个间隙存在于在时间上持续的行动中意图的结构之中。我有从事某些复杂模式之活动的行动中意图，比如写一本书或游过英吉利海峡的活动，最初行动中意图的开始本身并不足以保证这行动中意图一直持续到该活动全部完成。因此，在执行行动中意图的任何阶段都存在第三个间隙。此外，如果是一些漫长的行动，比如游过英吉利海峡或写一本书，

我的在先意图的因致效力要持续到整个行动完成。也就是说，我 51
必须为执行我最初形成在先意图时计划的行动模式直至其完成而继续努力。[1]

9. 复杂行动有一个内部结构，行为主体借此有意通过做另外事情的手段来做某件事情，或者他用做另外一件事情的方式来做某件事情。这两种关系分别是因果关系和构成关系。

我一直在说话，就好像一个人仅仅在实施一个行动，我们可以说，就是这样。但除了举起手臂这样简单的行动外，人类的行动更为复杂，具有复杂的内部结构。通常，一个人做一件事是通过做另外一件事的因果关系或构成关系来完成的。比如，一个人通过按动开关来开灯，一个人通过扣动扳机来开枪。即便是我给出的简单例子，也是某人经由举起手臂来投票。这不是举起手臂和投票两个行动，而是只有一个行动，即举起手臂投票。行动的内部结构对于实践理性的话题非常重要，因为做决定通常是选择**目的手段关系**或**目的构成关系**来实现目标的问题。在第一章讨论过的黑猩猩的简单事例中，黑猩猩通过用棍子戳的手段获得香蕉。在行动的意向性结构中有两种重要的结构形式，即**因果性的
手段目的关系**和**构成性的方式目的关系**。如果我通过扣动扳机开 52
枪，那么这种关系就是因果关系。扣动扳机因致枪开火。如果我通过举手投票，这种关系就是构成关系。在那种背景下，举起手臂就构成投票的行为。就手段目的关系而言，行动的组成部分之

[1] 我在写作《意向性》一书时确实没有看到这一点。在那本书中，我认为一旦行动中意图开始，在先意图就不再存在。但这是错误的。在先意图可以在行为的整个实施过程中继续有效。这个错误是由布莱恩·奥肖内西(Brian O’Shaughnessy)向我指出来的。

间的关系是一种因果关系：按开关因致灯亮，当我通过按开关开灯时，我有一个复杂的行动中意图，这行动中意图应因致开关的转动，进而因致灯亮。但当我为了投票而举起手臂时，手臂的举起并没有因致我投票；反而是我举起手臂**构成了**我的投票行为。在那种背景下，身体运动构成或算作投票的行动。对于持续很长时间的复杂行动而言，这些关系变得相当复杂。考虑一下写这本书的情形：我的工作方式是坐在电脑前并在电脑上输入我的想法。这些行为并不因致写这本书，但它们构成了写这本书的各个阶段。另一方面，当我敲击电脑按键时，我的行动会因致这本书的文本出现在电脑屏幕上。

好像所有的行动都是行动中意图因致身体运动这样的情形，这是我在谈论中一直使用的另一个理想化假定。但当然也有心灵行动，比如在头脑中做加法运算。还有一些不作为的行动，比如不吸烟。正如我上面提到的，还有一些长期的行动，比如写一本书或滑雪比赛训练。我相信我所给出的解释，包括先在意图和行动中意图之间的区别，以及内在结构中的因果性手段目的关系和构成性方式目的关系之间的区别，能够解释所有这些情形。

53 **10. 意义是有意将满足条件赋予满足条件的问题。**

例如，如果说话者说“正在下雨”，并且通过该话语意指正在下雨，那么他的行动中意图的满足条件：首先是这行动中意图应该因致“正在下雨”这句话的说出；其次，这话本身应该具有带有向下适应指向的满足条件，即正在下雨。就说话者意义而言，说话者通过有意将满足条件赋予他有意生产出的某些事物，比如从他嘴里发出的声音或他写在纸上的标记，从而创造出一种意向性形式。他有意地生产出一个话语，并且他生产这个话语时还带有另外的意图，即该话语本身应具有满足的条件。

人类自然语言中的这一过程之所以可能是因为如下的事实：语言中句子的语词具有一种意向性形式，这种意向性本身源自人类主体内在的或独立于观察者的意向性。这就来到了我的下一个观点。

11. 我们需要区分独立于观察者的意向性和依赖于观察者的意向性。

我一直在谈论人类心灵的意向性。但除了心灵外，我们还把意向性归给其他事物，这些归赋确实是真实的，这种意向性依赖于心灵的内在的或独立于观察者的意向性。这种意向性在语言中最为明显，我们说句子和语词具有意义，而意义正是意向性的一种形式。这就是我说“我饿了”（真的将意向性归于我自己）与我 54
说“法语句子‘J'ai faim’的意思是我饿了”之间的区别。但可以说，这个法语句子的意向性并不是内在的；它源自说法语者的意向性。因此，我会说，我饥饿的心灵状态之**独立于观察者**的意向性与法语、英语和其他语言中的语词及句子之**依赖于观察者**或**相对于观察者**的意向性之间存在区别。还有第三种形式的意向性归赋，它既不是独立观察者的意向性，也不是依赖于观察者的意向性，它根本就不是真正意义上的意向性。我正在考虑的是这样的事情，比如我们将记忆归于计算机或将欲望归于植物。这是一种无关紧要的说话方式。如果我说，“我的植物渴望水”，没有人会误以为我真的是将意向性归于它们。这样的意向性归赋，我称为比喻性的归赋或“似然的”归赋。但我并不认为真的有第三种意向性；只是植物、计算机和许多其他事物的表现就好像它们具有意向性一样；因此我们可以将这些比喻性的、拟似的意向性归于它们，尽管严格说来，它们没有任何意向性。

12. 客观性和主观性之间的区分实际上是两种区分的混合，一种是本体论上的区分，另一种是知识论上的区分。

我们可以用相对于观察者的意向性形式和独立于观察者的意向性形式之间的区别来进一步区分，这对于本书的后续论证相当重要。客观性的概念以及客观性与主观性之间的对比在我们的知
55 识文化中占有重要地位。我们寻求“客观的”科学真理。但这些概念存在巨大的混乱，我们需要对其进行清理。一方面我们需要区分本体论上的客观性与主观性；另一方面我们需要区分知识论上的客观性与主观性。举例会使这种区分变得清晰。如果我说我感到疼痛，我就将一种主观感受归于我自己。主观感受在本体论上是主观性的，因为它只有在被有意识的主体感受到时才存在。在这方面，疼痛、发痒和瘙痒不同于高山、分子和冰川，因为高山等都是客观存在的，或者说它们具有本体论上的客观性。本体论上的主观性和客观性之间的区别同知识论上的主观性和客观性之间的区别根本就不是同一回事。如果我说，“伦勃朗的整个一生都在荷兰度过”，这个陈述在知识论上是客观的，因为我们可以查明它的真假，而无须考虑观察者的态度和感受。但如果我说，“伦勃朗是在阿姆斯特丹生活过的最伟大的画家”；但正如人们所说，这是个见仁见智的问题。它在知识论上是主观的，因为它的真假不能独立于伦勃朗及其他阿姆斯特丹画家作品的崇拜者和诋毁者的主观态度而得到解决。根据这种区别，我们可以说，

所有相对于观察者的现象都含有本体论上的主观因素。事实上，法语句子中某个东西的含义取决于法语使用者在本体论意义上的主观态度。但至关重要的是本体论上的主观性并不必然意味着知识论上的主观性。对于法语和其他语言中句子的意义，我们可以拥有知识论上的客观知识，尽管这些意义在本体论上是主观的。56
稍后，我们会发现世界上许多激发理性行为的特征同样在本体论上是主观的，但在认识论上是客观的，这种区别对我们来说就显得至关重要。

13. 集体意向性能够创设制度性事实。制度性事实是根据“X 在 C 中算作 Y”这个形式的构成性规则而创设的。

意向性不仅可以是个人的，如“我打算去看电影”，也可以是集体的，如“我们打算去看电影”。集体意向性使人的群体能够创设共同的制度性事实，比如那些涉及货币、财产、婚姻、政府的事实，最重要的是涉及语言的事实。在这种情况下，制度的存在使个人或群体能够将功能赋予某些对象，而这些功能是这些对象仅凭其物理结构无法实现的，只能凭集体的承认而实现，即承认特定对象具有某种地位，而这种地位具有一种特别的功能。我将其称为**地位功能**，它们通常具有“X 在 C 中算作 Y”的形式。因此，如此这般的一串语词算作一个英语句子，如此这般的一张纸在美国算作一张 10 美元的钞票，如此这般的位置在国际象棋中算作“将死”，满足如此这般条件的人算作美国总统。这些地位功能不同于物理功能，因为诸如螺丝刀之类的物体是凭借其物理结构来发挥其物理功能的，然而，英语句子、王棋被“将
死”、货币、总统等只有被集体地承认为具有某种地位，并且这 57

种地位带有地位功能，它们才能发挥其作用。

制度性实在本身是根据“X 在 C 中算作 Y”的构成性规则进行地位功能赋予而创设出来的，制度性实在与特殊形式的地位功能(即意义赋予)的结合，使人类个体能够创设某些形式的独立于欲望的行动理由。我们将在第六章详细探讨这个现象。在此我只想做如下强调。我们已经看到，意义是一个将满足条件赋予满足条件的问题(第 10 点)；这一事实与“制度性事实是在制度体系内创设的”这一事实相结合，由此行为主体将功能赋予某个东西，如果没有对这功能的某种集体的接受或承认，这个东西就无法发挥其功能。这两个因素共同使我们能够明白，在实施诸如做出断言或承诺之类的言语行为时，说话者如何创设出一组新的满足条件，而这组新的满足条件是那个制度性事实创设(比如说话者向听话者做出了断言或做出了承诺)的结果。

14. 意向性的作用仅仅是在前意向性或非意向性的能力背景下决定满足条件。

除了认知和意愿的意向性结构外，我们还需要解释整个意向
58 性系统的功能，只有在人类和动物都拥有的才能、能力、倾向和性情的背景下意向状态才能决定满足条件，而这些能力背景本身并不存在于意向状态中。为了让我能够形成穿过房间、刷牙或写书的意图，我必须有能力穿过房间、刷牙或者写书，或者至少我必须预设我有能力做这些事情。但我的能力本身并不是另外的意向状态，尽管这些能力能够产生意向状态。从本体论来说，可将我的才能、能力、倾向和性情视为一组大脑结构。这些大脑结构使我能够激活意向性系统并使其发挥作用，但在大脑结构中实现

的能力本身并不存在于意向状态中。

背景对于理解理性结构非常重要，这在很多方面都超出了本书的范围。关于理性的文化相对性的一些显著事例，通常是由于不同的文化背景造成的。理性本身是普遍的。此时此刻的论证，我只想提请大家注意这样一个事实：可以说，意向性系统并非彻底是意向性的。除了意向性系统之外，我们还必须假设行为主体具有一系列能力，这些能力本身并不存在于另外的意向状态中。这些能力我强行用带有一个大写字母的“背景”（Background）一词来表示。

15. 意向性必须与内涵性区分开来。

意向性是心灵的属性，也是语言的衍生属性，心灵状态和言
语行为因它而指涉或关联事物和事态。内涵性是陈述和其他类型 59
的表征所具有的属性，它们因内涵性无法通过某些外延性测试。最受欢迎的两个测试是在不损失或改变真值的情况下共指表达式的可替代性(有时称为莱布尼茨法则)和存在概括。例如，“俄狄浦斯想娶伊俄卡斯忒”这个陈述未能通过可替代性测试，因为这个陈述与“伊俄卡斯忒与他的母亲是同一个人”这个陈述一起，不允许做出这样的推论：“俄狄浦斯想娶他自己的母亲。”就可替代性而言，“俄狄浦斯想娶伊俄卡斯忒”这个陈述是内涵性的。未能通过可替代性测试的陈述有时被称为**指称晦暗的**陈述。“俄狄浦斯正在寻找消失的亚特兰蒂斯之城”这个陈述，不允许做出存在推论说“存在一座消失的亚特兰蒂斯之城”，因为即便俄狄浦斯正在寻找的东西原本不存在，他还是可能正在寻找。因此该陈述未能通过存在概括测试。内涵性对于实践理性这一主题很重

要，因为除其他理由外，关于行动理由的陈述通常是内涵性的。

结　论

本章的这些讨论比较枯燥乏味，而且相当快速，我因此向读者致歉。在接下来的章节中我需要这些理论工具，而且凭良心我不能告诉我的读者先去读我所有的其他书。因此，我已经总结了足够的内容，为你提供应付后续章节的“武器”。找寻一个类似物，即像真理对信念那样对意向性行动起作用的东西，这种找寻在关于实践理性的著作中很常见，我们已有足够多的资料明白这
60 种找寻从一开始就是毫无希望的。信念是一种有满足条件的意向状态。如果这些条件得到满足，则信念被当作是真的。信念具有心灵向世界的适应指向。但意向性行动由两部分构成，即行动中意图和身体运动。行动本身没有满足的条件。但行动中的每个意图都有满足条件，如果得到满足，它就会因致构成行动其余部分的身体运动或其他现象。因此行动被成功实施，当且仅当行动中意图得到满足。但除了那个满足条件外，行动本身没有另外的满足条件。如果行动是预先考虑好的，即这个行动有在先意图，则由该在先意图所因致的行动本身的发生，就构成这个在先意图的满足条件。在先意图和行动中意图都具有世界向心灵的适应指向。行动确实是在先意图的满足条件，正如身体运动是行动中意图的满足条件一样。但正如我之前提到的，并非所有行动都需要在先意图，因为并非所有行动都是预先考虑好的。所有行动都确

实需要行动中意图，事实上，我们可以将人类行动定义为任何包含行动中意图作为其组成部分之一的复杂事件。为了形成受理性驱动的在先意图和行动中意图，理性主体如何组织他们的意向内容以及他们对世界上的事实的表征，这将是我们在后续章节中所要关注的。

61

第三章　间隙：时间和自我

一、间隙的定义和位置

间隙的存在给我们留下了许多问题。其中之一是在通过给出理由来解释行为时，我们通常不会援引因果关系上的充分条件。但如果真是这样，那么这个解释又如何能真正解释什么东西呢？如果因果关系中的原因不足以决定相应行动，那么在给定同一组在先的原因的情况下，怎么能援引它们来解释为何这个行动发生，而不是其他可能的行动的发生？这个问题的答案意义深远，在本章的行文过程中我会尝试揭示出其中的一些意涵。

确实存在我一直在谈论的那种间隙现象，我的第一个目标就是要无可置疑地证明这一点。为此，我必须对间隙给出更精确的定义，并更多地描述其所处位置。我的第二个目标是回答我刚才提出的问题并阐明这个答案的一些意涵。为了解释间隙现象，我们必须预设非休谟式的、不可还原的自我概念，并且就实践理性而言，我们还必 62
须预设自我与时间之间的某些特殊关系。

（一）间隙的定义

间隙可以有两种等效的描述：一种是前瞻性的描述，另一种是回顾性的描述。前瞻性的描述：间隙是我们有意识的决定和行动的特征，我们感觉到未来的决定和行动的选项在因果关系上对我们具有开放性。回顾性的描述：间隙是有意识的决定和行动的特征，行为主体经验到决策和行动之前的理由没有为相应的决策和行动设定因果关系上的充分条件。就我们的意识经验而言，当信念、欲望和其他理由没有被感受为做出决定（形成在先意图）的充分因致条件时，间隙就会出现；当在先意图没有为意向性行动设定因果关系上的充分条件时，间隙也会出现；当一件有意要做的事情的启动没有为其继续或完成设定充分条件时，也会出现间隙。

（二）间隙的位置

间隙的这三种显示说明了其基本位置特征。首先，当一个人做出理性决定时，审慎思考的过程和决定本身之间存在间隙，决定即是在先意图的形成。其次，一旦下定决心要做某事，即形成了在先意图，在先意图与行动中意图开始时行动的实际启动之间
存在间隙。最后，每当一个人处于长时期模式的行动过程中时， 63

诸如我现在写这本书时，一方面是以执行行动的在先意图和行动中意图的形式而存在的原因；另一方面是实际执行复杂行动直至完成，这二者之间存在间隙。就长期行动而言，即便你已经有了在先意图和行动中意图下的行动开始，你仍然必须继续努力；你必须靠自己继续前进。所有这三个间隙都可以被视为意识之同一特征的不同方面，即我们做决定的意识经验和行动的意识经验（意志的运用、努力的意识感受，这些都是同一事物的不同名称），没有被体验为在心理上具有使决定和行动发生的充分因致条件。

二、关于间隙存在的论证

在我看来，人们可能对间隙抱有三种怀疑态度。首先，也许我错误地描述了前面所说的意识。也许不存在这样的间隙。其次，即使存在，也许无意识心理学会否决每一种情形中关于自由的意识经验。心理原因可能足以决定我们所有的行为，即使我们没有意识到这些原因，也是如此。最后，即便我们在心理上是自由的，这种自由也可能是副现象性质的。底层的神经生物结构可能决定我们所有的行为。毕竟，大脑中没有间隙。在本章中我将回应第一个质疑，在第九章我将讨论第三个质疑。对于第二个质疑我无话可说，因为我不会认真对待它。确实在某些情况下，我们的行为是由无意识的心理原因所决定的，比如催眠情况，但说
64 我们所有的行为都像催眠状态下的行为，这是令人难以置信的，

我在另一本书中简要讨论了这个问题，[1] 在此，我不再对它多说什么。

我所描述的间隙之特殊因果因素和意愿因素的最简证明是基于怀尔德·彭菲尔德之研究成果[2]的如下思想实验。彭菲尔德发现，通过用微电极刺激患者的运动皮层，他可以因致患者的身体动作。当被问到时，患者总是说："这不是我做的，是你做的。"[3] 比如说，患者因彭菲尔德对他大脑的刺激而举起手臂的体验与他自愿举起手臂的体验截然不同。有什么不同？好吧，为了回答这个问题，让我们想象一下大规模的彭菲尔德情形。设想我在一段时间内的所有身体运动都是由脑科学家向我的运动皮层发送电磁波所因致的。显然现在这种体验与正常的有意识的自愿行为完全不同。在这种情况下，就像在感知中一样，我**观察**发生在我身上的事情。在正常情况下，**我使得它发生**。正常情况有两个特征。首先，我尝试抬起手臂因致身体运动，这尝试足以因致手臂移动；其次，行动的理由不足以迫使人们做出尝试。

如果我们把它放在放大镜下，我们会发现行动由我在第二章 65
所描述的两个部分构成：一是行动中意图（尝试），当意识清醒时，它是一种行动的意识经验；二是身体运动。行动中意图对于身体运动来说在因果关系上是充分的。因此，如果我举起手臂，

---

[1] *Minds, Brains, and Science*, Cambridge, MA: Harvard University Press, 1984. See chap. 6.

[2] Wilder Penfield, *The Mystery of the Mind*, Princeton: Princeton University Press, 1975, pp. 76–77.

[3] Wilder Penfield, *The Mystery of the Mind*, Princeton: Princeton University Press, 1975, p. 76.

行动中意图就会因致手臂举起。但在正常自愿行动的情况下，行动中意图本身在心理上并不具备在先的充分因致条件，如果我说整个行动缺乏充分条件，那是因为行动中意图缺乏这些条件。这就是人类自由之间隙的显现。在正常情况下，行动的经验会由充分条件因致身体开始运动，但在自由自愿的情况下，这种经验本身(尝试的经验，威廉·詹姆斯称为“努力”的感觉)并不具备充分的心理因致条件。

在第一章我简短地提到了第二个论证：我相信现实生活中间隙最戏剧性的展现是这样一个事实，即当一个人有多种理由执行一项行动或选择一项行动时，一个人会只基于其中一个理由而行动；他可以选择基于哪个理由而行动。例如，假设我有几个理由投票给某个特定的政治候选人。尽管如此，我可能不会因这些理由的全部而投票给这位候选人。我可能会因其中一个理由而非其他任何理由来投票给该候选人。在这种情况下，我可能无须观察就知道，我是因其中某一个特殊理由而投票给该候选人，而不是其他任何理由，尽管我知道我也有投票给他的其他理由。你看，
66 这是一个令人惊奇的事实，我们应该仔细琢磨一下它。有几个理由可以对我起作用，但只有其中一个对我有因果效力，**我选择让哪一个有效**。也就是说，就我对自己行为的察觉而言，我的各种信念和欲望并不因致我以特定的方式行事，而是我选择按照哪个欲望行事。简而言之，我决定众多原因中哪一个是有效的。这暗示了一个有趣的假设，这假设也将在后面的章节出现。如果我们将奠基我的行动的理由视为**有效的**理由，就自由的理性行动而言，那么就会显露出，在行为主体选择按照哪个理由而行动的范

围内，**全部有效的理由都是行为主体使得它们有效**。

我说我们“选择”按照哪个理由而行动，或者说我们“使得”理由有效，我这并不是说有任何单独的“选择”和“使得”行为发生。如果有的话，我们可以很快建构出恶的无限倒退论证，即关于使得使得和选择选择的论证。[1] 我只是说，当你自由地基于某个理由而行动时，你就因此在该行动中选择了那个理由并使其有效。

第三个关于间隙存在的论证是一种更加间接的方式，即我们注意到只有在非理性可能存在的情况下，理性才是可能的。但每一种可能性都需要自由。因此，为了理性地行事，仅当我能够在许多可能的选项中自由地做出任何选择，并且有做出非理性行为的可能性时，我才能够理性地行事。很矛盾的是，所谓理想的完全理性的机器，即计算机，根本就不是理性的典范，因为计算机完全不在理性的范围之内。计算机既不是理性的，也不是非理性的，因为它的行为完全是由它的程序和硬件结构决定的。计算机 67
是理性的，只可以相对于观察者来说才有意义。

三、因果关系与间隙

为了探讨间隙与因果关系的关系，让我们聚焦嵌入自愿行动实际结构中的间隙。当我们实施有意识的自愿行动时，我们通常

---

〔1〕 吉尔伯特·赖尔因反对传统行动理论中这些类型的倒退论证而闻名。参见 Gilbert Ryle，*The Concept of Mind*，New York：Harper and Row，1949。

会有一种存在其他可能性的感觉。例如，我现在坐在电脑前，输入那些在屏幕上出现的语词。但我本可以做其他很多事情。我可以站起来走动，可以看书，可以输入不同于那些语词的语词。让我们假设，你正坐在椅子上阅读。除非你的处境极不寻常，比如，你被绑在椅子上或瘫痪了，否则你仍会有你可以做其他很多的事情的感觉。你可以阅读另外的东西，给老朋友打电话，或者出去喝杯啤酒，这只是略举几种可能性而已。这种可做其他事情的可能性的感觉，正是人类日常行为结构的一部分，它给了我们关于自由的坚定信念，这信念或许是一种幻觉。我们不知道动物的意识生活是怎样的，但高等动物的神经生理机能与我们如此接近，以至于我们不得不假设人类自愿行为的典型经验是其他许多物种所共有的。

假如我们的生活像有意识的树木或石头一样，能够感知周围的环境，但无法启动我们自己的任何行动，我们就不会拥有坚信我们自己有自由意志的经验。并不是全部经验都包含这种自由
68 感，甚至我们自己的身体运动经验也并非总是包含这种自由感。如果我们的行动受到强烈的情绪控制，比如在彻底愤怒的状态下，我们就不会有我们可以做别的事情的感觉。更糟糕的是，如果事情完全超出我们的控制，假如我们从建筑物上摔下来，或者我们的身体被控制住了动弹不得，我们就没有可做其他事情的感觉，至少没有身体运动之其他可能性的感觉。

与行动不同，在感知中，我们没有像这种向我们开放的其他行为之可能性的感觉。相反，我们理所当然地认为我们的感知经验是由世界是怎样和我们是怎样的结合所决定的。例如，如果我

低头看电脑按键，我看到什么并不取决于我。尽管感知中存在意愿因素（比如，在知觉的格式塔中，我可以自由选择立刻将一个图形视为一只鸭子，或立刻将其视为一只兔子），但在这种情况下，我认为我所拥有的视觉经验完全由键盘的结构、光线条件和我的知觉器官等因素决定。当然，我随时可以转头，但那是自愿行动，而不是感知的行为。请注意行动的自由与知觉的被决定性之间的对比。现在正显示在计算机屏幕上的字母是我此刻输入的，并且我可以随意输入其他字母，而我在键盘上看到的字母则由机器的物理特征决定。但说我们有自由感是什么意思呢？这种感觉意味着什么？

我们经验的另一个普遍特征是因果关系的经验。在有意识的行动和有意识的知觉中，我们经常体验到我们与世界的关系在其
结构上是因果关系。在行动中，我们体验到自己对外部事物的因 69
果作用；在知觉中，我们体验到世界上的事物对我们的因果作用。现在，自愿行动的经验引入了不寻常的现象：自愿行动中的自由感是一种感觉，即行动的原因虽然作为行动的理由是有效的、真实的，但不足以决定那将要发生的行动。我可以告诉你为什么我正在做我现在正在做的事情，但在告诉你原因时，我并不是试图对我的行为给出充分的因果解释，因为如果我这样做，那么这个解释将注定不可能是完备的。它只能是对我的行为的**部分**因果解释，因为在具体说明这些原因时，我并没有向你给出我所认为的充分因致条件。如果你问我，“你为什么正在写这个论证？”我会回答说，“我想解释自愿行为的一些独特特征”。这个答案作为对我的行为的解释是完备且充分的，但只能是对我当前

行为之**因果解释**的一部分，因为它没有具体说明那足以**决定**我当下行为的原因。即使我补充了我的信念和欲望的所有细节来解释我正在做的事情，即使给出了这一整套原因，我的行为仍然不会完全被决定，我仍然会感觉我原本可以正在做其他事情。这导致的结果是，对我们自己行为的解释有一个独特的特征：当我们陈述我们行动的理由时，我们通常给出的解释并**不是充分的**因果解释。它们并没有表明所发生的事情一定会发生。

正如我们在第一章所看到的，人们通常说行动是由信念和欲望所因致的；但如果“原因”意味着“充分因致”，那么就我们
70 关于自愿行动的日常经验而言，这种说法就是错误的。在《意向性》[1]一书中，我试图解释认知现象(例如信念、记忆和知觉)的意向性结构与意愿现象(例如欲望、先在意图和意向性行动)的意向性结构之间一些惊人的相似之处。在本书第二章，我总结了意向性结构的一些基本特征。该章表明，就意向性的形式结构(包括意向性因果关系)而言，认知和意愿彼此互为镜像。这些关系在第二章的图表中得到了说明。我认为对那些相似之处的说明是准确的，但现在我想提请大家注意一个差别：意愿通常包含间隙，而认知不包含这样的间隙。

四、经验间隙、逻辑间隙和不可避免的间隙

让我们假设到此为止我是对的：存在一个经验间隙，它是根

[1] John R. Searle, *Intentionality*: *An Essay in the Philosophy of Mind*, Cambridge: Cambridge University Press, 1983. 参见第 3 章，尤其是第 79 页。

据意向性因果关系来定义的，但这个经验是一种缺乏充分因致条件的经验。在我看来，有人可能会说，那又怎样？你有这些经验，但到目前为止，没有给出我们为什么应该关心它们的理由，或者没有给出它们为什么可能不是系统性幻觉的理由。我们也有关于颜色的经验，但有些人认为物理学已经表明颜色是一种幻觉。这是我们无法避免的一种幻觉，但它仍然是一种幻觉。为什么间隙应该有所不同？

就我到目前为止所说的而言，这种间隙有可能是一种幻觉， 71
但与颜色在本体论上客观存在的信念不同，它不是我们可以放弃的信念。讨论的兴趣不仅是“现象学”。每当我们做选择和决定时，每当我们不可避免地要做选择和决定时，我们都必须预设间隙真实存在，预设现象感受与实在相符。除了光的反射外，颜色是实在的、客观存在的东西，我放弃关于颜色的这种信念是可理解的，但我不能以这种方式放弃关于间隙之实在性的信念。

在此，我提出三个论点。

> 1. 我们拥有关于我所描述的那种间隙的经验。
>
> 2. 我们必须预设间隙。我们必须预设，我们许多决定和行动在心理上的先行条件并没有为这些决定和行动设定充分的因致条件。
>
> 3. 在正常的有意识的生活中，人们无法避免做出选择和决定。

下面是对论点 2 和论点 3 的论证：如果我真的认为信念和欲望足以因致行动，那么我可以坐下来观看行动的展开，就像我坐下来观看行动在电影屏幕上展开那样。但当我做理性决定和行动

时，我无法做到袖手旁观。我必须预设先行的心理条件集在因果关系上是不充分的。此外，对第三个论点还有另外一个论证：即
72 便我坚信关于间隙的这些论点为假，无论如何我仍然必须行动，从而行使我自己的自由。假设我坚信间隙不存在；尽管如此，我仍然必须做一些事情，而在做事情的过程中，我就正在行使我自己的自由，至少就我关于间隙的经验而言是如此。正如我们在第一章所看到的，即使是拒绝行使自由，也只有当我将其视为自由的行使时，这对于作为行为主体的我来说才是可理解的。

例如，坚持以下两个命题就存在一种实践上的不一致：

1. 我现在正在尝试决定下次选举投票给谁。

2. 我认为现在作用于我的现存的心理原因足以决定我将投票给谁。

这不一致之处在于，如果我真的相信命题 2，那么命题 1 所涉及的努力似乎就没有意义了。这种情况就像服用一颗药丸，我确信它会自行治愈我的头痛，然后尝试在药丸的效果上另外添加一些心理努力。如果我真的相信药丸足以治愈头痛，那么要做的理性的事情就是袖手旁观，让药丸产生效果。

假设我相信信念和欲望因致理性行动的说法。作为一个科幻故事，假设有些药丸可以催生信念和欲望。现在假设我希望某人理性地做某事。我希望他出于某种理由投票给民主党候选人，所以我给了他红色药丸，红色药丸使得他有投票给他认为对经济最
73 有利的候选人的欲望；我给了他蓝色药丸，蓝色药丸使得他相信民主党候选人最有利于经济。

现在我就可以坐下来观看原因发挥作用吗？这就像在桥下放

炸药，点燃导火索，然后观看桥被炸毁一样吗？不。即便在这种情形下，情况也不是那样的，因为假设了我想诱导自己投票给民主党，所以我同时服用红色药丸和蓝色药丸。几周后，我可能会想：好的，药丸已经起作用了。我已开始相信民主党对经济更有利，并且我已开始想要一位对经济有利的候选人。但这依然不充分。我仍然必须决定我将投票给谁，这就预设了那个原因是不充分的。

总结一下这几点：我们有关于自由的经验，我们在做决定和采取行动时必须以自由为前提，而且我们不可避免地要做决定和实施行动。

五、从间隙到自我

就自愿行动而言，心理原因并不必然导致相应的结果。那又是什么导致的呢？从心理层面来说：什么都没有。结果不是必然的，而是自愿的。使得行动成为心理上自由的行动的东西，恰恰在于先行的心理原因不足以因致该行动。也许在某种不同的描述层次上，也许在神经元突触和神经递质的层次上，原因对于身体运动来说是充分的，但在意向性行动这种描述层次上，自由的（自愿的、理性的、有意识的）行动的定义就是，行动在心理上的先行条件不是该行动的充分因致条件。错误在于认为我们必须找 74
到某种必然导致该结果的东西。这是错的。结果是有意识的行动中意图，即行动的体验。

但是，说结果是自愿的而不是必然的，这是什么意思呢？这意味着什么？在我们已考虑过的事例中，我们假设我下定决心做某事，然后就去做。行动的理由在因果关系上并不充分，而我是在这些理由在因果关系上不充分的前提下进行运作的。那么我们该如何描述正在发生的事情呢？如果没有任何东西可以填充那个间隙，行动如何会发生呢？**我们在间隙中活动的可理解性需要一种不可还原的自我概念**。

这个断言对本书的后续论证很重要，我想尝试澄清它，并证明它的合理性。作为开始，让我们再次将行动与知觉进行对比。当我看到某物时，我实际上不需要做任何事情。假设我的知觉器官完好无损并且我处于适当的环境中，我就拥有知觉经验。我的一串经验，其中包括以前没有的经验。但仅此而已。现在假设我正在尝试决定要做什么。我不能只是等待并观察所发生的事情。我实际上必须做点什么，即便只是下定决心。当我打开衣柜看我的衬衫是否在里面时，除了看外，我不必做任何事情，其余的自动完成。但要穿上这件衬衫，我实际上必须付出点努力。我必须有行动中意图。这个过程及其结果的可理解性需要假设一个东西，这个东西是知觉不需要的。为什么？对了，我必须去做，它不会自行发生。

75 我们需要区分：

(1)行为刚好发生了。

(2)我做出那行为。

(1)不是对人类自愿行动的正确描述。这种自愿行动不是刚好发生。相反，(2)是正确的描述：我必须做相应的行为才能使其发生。但(2)不是因果断言吗？对于每一个因果关系断言，总是要问："到底是什么因致了什么？"在这个例子中，这个问题没有答案。我的某些特征与我的信念和欲望一起足以引起那行动吗？或许是这样，但如果是这样，那就不是行动之经验的一部分，因为我不能袖手旁观并让这些特征来完成其工作。正如人们所说，我必须下定决心，然后采取行动。我做出决定并采取行动，这一事实并不意味着：在我身上发生了什么事件，这个事件加上我的理由构成了那个决定和行动的充分因致条件。

六、休谟对自我的怀疑论描述

我现在将详细探讨这些问题。我非常不情愿地得出这样的结论：如果没有一个不可还原的自我概念，即非休谟式的自我概念，我们就无法理解一般意义上的间隙、推理、人的行动和理性。我现在转向自我问题，由于需要仔细展开论证，我将稍微谈一下哲学中传统的自我问题和新休谟主义的自我观念，这一观念或多或少地被我们的哲学传统所接受，直到最近还是如此，甚至我自己都接受过它。

自我是哲学中最让人感到丢脸的概念之一。日常言语中出现 76
的自我概念并没有什么问题。比如，我们说"我刚刚割伤了自己"，或"自我怜悯是一种缺点"，这里的"自我"的概念只是恰当人称代词和其他指称人或动物的表达方式的缩写。它并没有承载形而上学的重要含义。但在哲学中，这一概念已被用来完成许多相当重要的任务，但并非所有这些任务都是合理的。哲学上关于自我的形而上学概念，其中有：

(1)自我是时光流逝中人格同一性的承载者。t_2 时刻的我和 t_1 时刻的我是同一个人，因为自我是一样的。自我同一性可解释的人的同一性。

(2)自我其实与灵魂是一样的。因此，由于灵魂不同于肉体，自我能够在肉体毁灭后继续存活。我的肉体是一回事，我的灵魂或自我是另一回事。肉体终有一死，灵魂或自我是不朽的。

(3)与(1)相关，自我使我成为现在的我。在我之内有某种实体，它构成了我作为一个人的同一性，并将我与其他所有人区分开来，这实体是我的自我。根据这个观念，自我是我的个性和人格的构成部分。

(4)自我是我所有心灵属性的承载者。除了我的思想、感情等外，还有一个拥有所有这些思想和情感的自我。

毫无疑问，还有其他工作是由自我来完成的。但除开一串经验和经验发生于其中的身体而外，许多哲学家(我也是其中之一)
77 从未找到假设自我的存在的充足理由。关于自我的这种怀疑论，休谟是其灵感来源。正如他所指出的，当我把注意力转向内心时，我会发现特定的想法和感受，但除此之外，我找不到任何作为自我的东西。根据休谟的看法，自我只是一束经验，仅此而已。我认为，休谟的观点不只是说，当我将注意力转向内心时，事实上我并没有找到自我，更确切地说，没有任何东西可算作关于自我的经验，因为我所拥有的任何经验都只是又一个经验。假设我有一种持续不断的经验伴随着我的其他所有经验。假设我的视野中有关于黄点的持续不断的经验。假设它在我的一生中都持续存在。那就是自我吗？不，这只是一个黄点而已。不仅不存在关于自我的经验，而且不可能有关于自我的经验，因为没有任何东西能够在逻辑上满足人们对自我的形而上学概念所设的限制条件。

休谟将自我描述为一束知觉，这至少在一个方面需要修正，以便说明康德提出的反对意见。我在任何给定时间点的所有经验都是作为意识统一场的一部分而出现在我这里的。我的意识生活具有康德（他常有使用朗朗上口的语言的天赋）所说的“统觉的先验统一性”。我相信他的意思是这样的：我不仅拥有背上衬衫的感觉和我口中啤酒的味道，它们还是作为意识统一场的一部分而被我所拥有的。休谟认为每种知觉都是独立且不同的，但这不可能是正确的；如果休谟正确，那么我们就无法区分拥有十种经验（衬衫的感觉、啤酒的味道、天空的景象，等等）的一个意识和十个不同的意识（每个意识只有一种经验）。因此，我们必须坚持认 78
为，在任何给定的时间点，一个人的全部经验都被统一到单个意识场中。但意识场并没有给我们一个除了意识场而外的自我。只有不断生长的意识统一场，它随时间而流逝，每个时间点的意识场都是其所有不同组成部分的统一体。意识场内的一些意识状态将是对先前发生的事件的记忆，这些事件存在于一连串的意识状态经历之中。有些意识状态甚至会是这样的感觉，就我而言，我会把这种感觉描述为“作为我自己是怎样的”的感觉。但除了一连串的经验外，我们仍然无法找出任何自我。

我想在这个修订后的休谟式的自我观念中添加这样一个主

张：身体对于我拥有一连串的意识经验至关重要。在这一阶段，我们不必担心，身体的要求是经验要求，还是逻辑问题。这个阶段的关键点仅仅是一连串的意识状态必须有某种物理的实现方式。即使我是一个缸中之脑，依然必须有一个最低限度的物理的大脑，如果我要拥有对世界的经验，那么我的大脑必须与世界进行某种因果互动。

我是一个与世界有因果联系的具身大脑，这就是更新后的新休谟主义对自我的描述。这个大脑能够产生并维持意识统一场，而意识场内的这些状态将包括对先前意识经验的记忆经验。确实，有某种东西感觉就像是自我，但这只是一种与其他感觉一样的感觉，它不具有形而上学的重要含义。这种感觉的存在本身并
79 不能保证任何穿越时间的同一性，据我所知，可能其他很多人都有跟我类型同一的感觉，即他们的感觉跟我对“作为我自己是怎样的”的感觉在类型上是同一的。总而言之，“自我”完全可以还原为更简单的要素。它由有意识的感觉组成，包括记忆和“自我”感(毫无疑问，它还包括许多关于自我的虚假信念)。这些都是由持续存在的物质系统所因致并实现在该物质系统中的，这个物质系统就是具身大脑。根据新休谟主义的观点，**除了所有这些外，根本不存在自我这种东西**。关于自我的故事结束了。

七、关于不可还原的、非休谟式的自我存在的论证

现在让我们把所有休谟式的考虑放在一边，认真思考一下人

类如何在间隙中做出决定并采取行动。假设我正在开会，主席说：“所有赞成该议案的人请举起右手臂。”我举起手臂。我通过举起右手臂的方式来实施对该议案进行投票的行动。那么是什么原因使得我做出了举起右手臂的行动呢？我可以通过给出我的行动的理由来给出部分因果解释。我想投票支持这项议案，因为我赞成它，并且我相信举起我的右手臂我就是在投票支持它。在这种背景下，我举起手臂就构成了投票支持它。

到目前为止一切都还好，但正如我们一再看到的，这些理由并不构成因果关系上的充分条件。那么，我们如何跨过从心理原因形式的理由到行动的实际开展之间的间隙呢？下面是对我之前提到过的两种可能性更加完整的描述：

> (1)行动没有任何形式的充分解释。行动只是发生 80
> 而已。它没有因果关系上充分的先在心理原因，因此作为一个心理事件，它只是任意或随机地发生而已。
>
> (2)即便没有因果关系上充分的先在心理条件，行动确实有充分的心理解释。我因理由而实施行动。我做它是有理由的，尽管这个理由不能确定出在先的充分原因。

命题(1)不可能是正确的。行动并非只是突然发生的随机或任意事件。事实上，威胁命题(1)的是许多相容论者(顺便说一下，包括休谟在内)用来论证决定论的东西。他们说，除非行为是被决定的，否则它一定是随机或任意发生的，我对它不负任何责任。但行动既不是任意的，也不是被决定的。我们已经看到了拒绝心理决定论的理由。我们还需要拒绝其明显的替代选项，即随机性和任意性。

因此命题(2)一定是对的。但这是什么意思？这里实际上有两个问题。首先，假设关于间隙的论点都是正确的，那么说“我这个人出于某个理由而实施行动”，这是什么意思？“S 出于理由 R 实施行动 A”，这种断言的逻辑形式是什么？这个问题可以用传统的形式来表述：与“S 因 R 实施 A”的断言相对应的事实是什么？其次，如果理由不能决定行动，那么“S 因 R 实施 A”这种形式的断言说明了我实施行动的理由，它怎么就能成为充足的
81 解释呢？如果里面有一个缺口，那它是怎样的解释呢？对第一个问题的充分解答似乎必须要为第二个问题提供答案。

我对经典模型的大部分讨论恰好集中在这一点上。在经典模型中不可能有间隙。对行动的解释要求我们只是确定事件的数量，并陈述它们之间的因果关系：作为行为主体之信念和欲望的事件 B 和 D 因致作为行动的事件 A(顺便说一句，信念和欲望不是事件，这是件令人尴尬的事，这种尴尬经常被掩盖，说真正的原因是信念和欲望的**发动**，或者说真正的原因是因致信念和欲望的事件)。[1] 许多拒绝经典模型诸多方面的哲学家正好在这个问题上也受其控制。因此，作为经典模型某些方面最有力批评者之一的托马斯·内格尔论证说，如果我们接受间隙，那么在行动的决定中就缺乏因果关系上的充分条件，这将迫使我们得出这样的结论：自由行动的实施中存在随机因素，我们的解释无法说明自由行动的原因，因为没法援引充分条件。正如内格尔所说，这样

〔1〕 Donald Davidson，“Actions，reasons，and causes，”重印于 *Essays on Actions and Events*，New York：Oxford University Press，1980，pp. 3–19。

的解释“**无法准确解释应被解释的东西，为什么我做了我所做的
事情，而不是做在因果关系上对我开放的其他事情**”。[1] 许多优
秀的哲学家给出了这些问题的一个答案[2]，但这是错的。答案是 82
这样的：行动的原因是**我**。我作为行动的实施者，就是行动的原
因。因此，不存在因果关系上的间隙。人就是原因。在某些版本
中，我们将这种个人因果关系（“行为主体因果关系”“内在因果
关系”）视为一种非常特殊的因果关系。根据齐硕姆（Chisholm）的
说法，我们需要将行为主体因果关系（他称为“内在因果关系”）
与普通事件因果关系（即“外在因果关系”）区分开来。另外一种
说法是，我们只是将个人视作跟其他任何原因一样的原因。但在
这两个版本中，因果关系上的间隙都是由作为原因而行动着的个
人来填充的。我相信这个答案比错误的哲学更糟糕，它是蹩脚的
英语的产物。只要某个对象 x 被列举为原因，就一定是 x 的某特
征或属性发挥了因果作用，或涉及 x 的某事件发挥了因果作用，
这是对因果关系概念的一个限制。简单地说，某个对象 x 引起了
这样那样的事件，这是没有意义的。因此，举例来说，如果我说
“比尔引起了火灾”，那么这就是“比尔点燃火柴引起了火灾”或
“比尔的粗心引起了火灾”之类的事情的简略说法。“比尔引起了

---

〔1〕 Thomas Nagel, *The View from Nowhere*, New York: Oxford University Press, 1986, pp. 116-117. 表达相似担心的表述还见：Galen Strawson, “Libertarianism, Action, and Self-Determination,” 重印于 T. O'Connor(ed.), *Agents, Causes, and Events: Essays on Indeterminism and Free Will*, New York: Oxford University Press, 1995, pp. 13-32。

〔2〕 比如，Christine Korsgaard, *The Sources of Normativity*, Cambridge: Cambridge University Press, 1996, 以及 Roderick Chisholm, “Human Freedom and the Self,” in Gary Watson(ed.), *Free Will: Oxford Readings in Philosophy*, Oxford: Oxford University Press, 1982, pp. 24-35。我相信齐硕姆后来放弃了这种看法。

火灾”的最初说法是可理解的，仅当我将其视为完成了这样的某种事情。但是，“我引起了我举起手臂的行动”，这又应该是完成了什么事情呢？请注意，“是什么引起了你的手臂上升？”回答这个问题时说“我引起了它上升”，这完全是合理的。因为在这种情况下，我们将其听成如下说法的简略表达：“我**通过举起它**而
83 引起它上升。”在这种情况下，发挥因果作用而使得我手臂上升的是我的行动中意图。“我投票支持议案的欲望引起我举起手臂”，这个说法也是完全合理的。但这只是列举了一个理由，它给我们留下同样的间隙，我们试图填塞这间隙，但一直没有成功。

因此，对(2)的正确理解是什么呢？**理解(2)的第一步是要明白：为了理解它，我们需要一个非常特殊的主体性概念**。休谟式的知觉束，即使是统一的和具身化的，也是不够的。你必须有一个肉体的行为主体。从这个意义上说，某个东西是一个行为主体，当且仅当它是一个有意识的实体，并且有能力在自由的前提下发起和执行行动。这听起来有些微不足道，也理应如此，但它并非毫无针对性，因为它意味着一束知觉不足以有主体性。行为主体不止是一束知觉。根据休谟式的观念，知觉束只是一连串自然现象，是世界上有效因果序列的一部分。但这个意义上的行为主体所要求的不止是一束知觉或一束知觉的一部分。为什么？因为行动中意图不止是一个自动发生的事件。仅当行为主体实际做某事，或者至少尝试做某事时，它才会发生。**主体性需要一个能够有意识地尝试做某事的实体**。

但到目前为止，我们仍然没有解释我们如何或为何能够或应

该接受不充分的因果解释。让我们进入下一步。因为行为主体必
须能够根据理由做出决定并实施行动，所以充当主体的同一实体
必须有能力进行感知、相信、欲求、记忆和推理。用过去的行话
来说，引入主体性的概念是为了说明意志，但具有意志的同一实
体也必须具有意欲和认知。简而言之，行为主体必须是一个自 84
我。正如必须将主体性添加到知觉束中以说明具身知觉束如何能
从事自由行动一样，自我也必须被添加到主体性中以说明行为主
体如何能理性地行动。

在这些情况下，我们能够理性地接受没有列举出充分条件的解释，其理由是我们理解这些解释是关于理性自我的，这理性自我处在他们作为行为主体的能力之中。因此，下面三个句子的表面句法看起来很相似，但正如我们在给定背景预设的情况对他们的理解那样，它们的基本语义揭示了重要的差异。

(1)我举起手臂，因为我想投票支持这议案。

(2)我肚子疼，因为我想投票支持这议案。

(3)建筑物倒塌了，因为地震破坏了地基。

尽管(1)没有列举出充分条件，但它完全是一个可以接受的解释，因为我们是在理性自我存在的背景预设下来理解它的，这个理性自我在自由的前提下根据理由而采取行动。对比(1)和(2)可以看出这一点。鉴于我们的背景预设，对(2)的理解与(3)类似。它作为解释是有效的，因为在一定情景中，它给出了因果关系上的充分条件，而且理性和自由根本不在其中。肚子痛不是基于理由而行动的情形。

但是，如果形式(1)这样的解释没有列出因果关系上的充分

条件，我们为什么应该接受它们呢？如果解释中存在间隙，那么
85 该事件中似乎有一个随机因素。那个解释没有给出发生该事件而非其他事件的理由。我们如何回答内格尔的反对意见呢？回答的关键是要看到：“你为什么如此做？”这个问题所要求的答案与“为什么它会发生”的问题所要求的答案是完全不同的，我现在想解释一下其中的区别。第一步是这样：始终从第一人称观点来看待诸如理性行为这样的现象及其解释，因为它们具有第一人称的本体论。只有从第一人称观点来看，它们才存在。从第一人称观点来看，毫无疑问，理由并不在因果关系上决定结果，诉诸理由的解释本身就是完全充分的。它既解释了我为什么做了我所做的事情，也解释了我为什么如此做而不是做其他在因果关系上向我开放的事情。它是充分的，因为它举出了理由，这理由是我作为一个理性自我而使其有效的，我通过根据它而行动来使其有效。“你为什么如此做？”对这个问题的回答没有完全排除其他可能性，即它并不意味着“任何其他事情的发生在因果关系上都是不可能的”，这完全是充分的回答。它对这个问题给出了充分的回答，因为它精确地回答了“为什么？”和“为什么你做这件事而非其他事情？”的问题。给出决定性的因致条件，这并不是这种答案的要求。**因果间隙并不蕴含解释性间隙**。“你为什么如此做？”这个问题不是在问：什么原因足以决定你的行动？而是在问：作为一个理性自我，你是基于什么理由而行动的？这个问题的答案所要求的解释，不是要表明在给定在先原因的条件下作为自然事件的行为是如何不可避免的，而是要**表明理性自我如何在间隙中发挥作用**。借用维特根斯坦式的语气，人们想说的是：解

释行动的语言游戏就是这样玩的，不要假设它必须按照经典力学 86
解释的语言游戏规则来玩。通过给出理由来解释行动的语言游戏之所以有不同的玩法，其原因是这种语言游戏中的陈述所记录的真正事实与普通的因果陈述所记录的具有不同的逻辑形式。

内格尔所说的要求实际上是模棱两可的。要求我解释为什么我做出这个行为而非对我开放的其他行为，其意思可能是：(a)我陈述我的行动的理由；在这种情况下，我会陈述一个理由来解释这一行动，并排除在因果关系上向我开放的其他行动。或者其意思可能是：(b)我陈述一个事件的原因，即我的行动的原因，这原因要解释为什么该事件必须发生而其他事件不可能发生。只有当我们假设要得到解释就必须满足要求(b)时，内格尔的反对意见才会造成困难。但这是错的。在真正切题的意义上说，“你为什么如此做?”这个问题是要求我陈述**我的行动所依据的理由**。

当然，正如内格尔所指出的那样，给出一个理由本身并不能回答为什么我依据该理由而非依据我可用的其他理由而采取行动。但这是另一个问题。“你为什么如此做?”起初要问的是我的行动所依据的理由。人们总是可以继续提问。“为什么这个理由对你来说是充足的?”这样的提问会揭示更多的间隙，但解释必须在某个地方结束。允许进一步提问，这并不表明我对第一个问题的回答是不充分的。

要求我陈述我的行动所依据的理由，这需要谈到自我。“X
出于理由 R 而实施行为 A”这种形式的句子的真值条件所要求 87
的，不只是事件、心理状态以及它们之间因果关系的存在，它们还需要一个自我(不仅是一个行为主体)，这个自我基于理由而行动，从而使得那个理由有效。许多哲学家，也许最著名的是科斯嘉德（Korsgaard），都声称我们在自愿行动中**创造**我们的自我。倘若如此，这就是一种与我现在所阐述的完全不同的自我概念。他们的意思一定是我们创造了我们的性格和人格。我现在所表达的观点，不是行动创造自我，而是行动**以**自我**为前提**。

根据经典模型，对行为的解释只需要对事件进行量化处理。因此，“S 因其信念和欲望而做了 A”的逻辑形式变成了如下结果：

> 有某 x，比如 x 是由 S 做 A 所发生的事；有某 y，比如 y 是一个信念；有某 z，比如 z 是一个欲望，并且 y 和 z（的发动）因致了 x。

对自我的明显提及只是确定事件个例的一种手段。

根据我所提出的解释，“S 因理由 R 实施了 A”的逻辑形式几乎就是表面上看起来的那样：

> 有一个 x，比如 x=自我 S，并且有一个 y，比如 y=行动个例 A，并且有某 z，比如 z=理由 R，并且 x 实施了 y，在实施 y 时，x 基于 z 而行动。

请注意，对自我的提及是不可消除的。我还没有解释什么是“行动的理由”以及基于理由而行动意味着什么。这将在下一章进行处理。我们一步一步地来，在本章我只是力图澄清：理性行
88 为的解释形式不是事件之间的因果关系，而是需要一种不可还原的自我概念。

什么东西表明我的分析优于经典模型？有很多论证，但我们现在正考虑的论证有两个前提。允许我列举如下：

(1)诉诸理由的解释通常不会举出因果关系上的充分条件。

(2)正常情况下，诉诸理由的解释本身就完全是充分的。

通过考虑第一人称的例子，我们知道(2)是正确的。我可以确切地告诉你为什么我投票支持克林顿，尽管我举出的理由并没有迫使我这样做。鉴于(1)，为了解释(2)，我们必须引入基于理由而行动的概念。理由解释的重要特点是：

(3)要求对一个行动给出理由解释就是要求一个关于理由的陈述，这理由是行为主体行动的依据。

根据(3)，我们可以得出(4)：

(4)这种解释需要一个能够基于理由而行动的行为主体概念，并且任何这样的主体都是一个自我，即我试图阐明的那种意义上的自我。

我们倾向于假设所有的解释都必须符合台球因果关系的预想模型，这一事实限制了我们的背景敏感性，我现在试图克服它。我正尽力解释这种语言游戏之特定形式可理解性的条件。

现在让我们转向这个论证的下一步。

只有对于自我来说，某事物才能成为行动的理由。 89

到目前为止，我们已经确认了经验间隙和在间隙中发挥作用的自我。但自我在这间隙中发挥作用是以理由为基础的。那么问题来了：什么是理由，什么事实使某事成为理由？我将在接下来的两章更多地谈论理由，但现在很明显，为了使某事物成为能够在审慎思考和行动中发挥作用的理由，它就必须是某个行为主体的理由。必须准确地陈述这一点。有很多人们做事的理由是无人知晓的。比如，人们有一个吃全麦面包的理由，它可以预防脚气病，却不知道他们有这样的理由。但这样的理由不可能在审慎思考中起作用。在审慎思考中，理由必须被行为主体所拥有，它才能作为理由来发挥作用。这是自我的另外一个特征，也是证明自我存在的一个论据。此外，因为理由可以是认知性的，比如信念和知觉，所以自我必须涉及的不仅是主体性，不仅是意志。同一个实体必须能够根据认知理由进行运作，并根据这些理由做决定和行动。

鉴于所有这些，我们现在可以进行下一步了。如果我们假设存在一个不可还原的有意识的自我，它在理性的约束下基于理由而行动，在自由的前提下行动，那么我们现在就能理解**责任**以及所有随之而来的概念。**因为自我在间隙中基于理由而做出决定并实施行动，所以它是责任的核心所在。**

这是一个关于不可还原的自我存在的独立论证。为了我们能
90 够分配责任，必须有一个能够承担、履行和承认责任的实体。如果我们引入时间的概念，我们就会更好地理解这一点。只有当我们现在能够为过去发生的行为分配责任时，责任的概念才有意义。我现在要为我在遥远的过去所做的事情负责。但只有当存在某个实体既是过去行动的主体又是现在的我时，这才有意义。这个实体就是我一直所说的“自我”。请注意，我并不以这种方式对我的知觉负责。知觉会影响我，但我不会像对自己的行为负责那样对它们负责。

只有对前面所解释的那种意义上的自我，我们才能说他或她

是有责任的、有罪的、应受谴责的、有功劳的、值得奖赏或惩罚的。这些特征归赋不同于“很漂亮”“很痛苦”或“看到迎面而来的汽车”这样的归赋。前一组特征归赋需要有不可还原的自我概念才能使得它们是可理解的。后一组则不需要。

推理是自我在时间中的一个过程，并且对实践理性而言，推理在本质上与时间有关。

时间概念的引入使我们看到，行动中的理性始终是行为主体在自由的前提下，在时间中有意识地进行推理的问题，即推理出现在或将来做什么的问题。就理论理性而言，问题在于接受什么、得出什么结论或相信什么；就实践理性而言，问题在于采取什么行动。因此，从某种意义上说，所有推理都是实践性的，因为所有推理都是做某事的问题。就理论理性而言，其所做的通常
是在论证或证据的基础上**接受**某个结论或假设。因此，理论理性 91
是实践理性的一个特例。理论理性与实践理性之间的区别在于结论的适应指向：在从证据或前提得出结论的情况下，其适应指向是心灵向世界的指向；基于认真考虑而形成决定、进而形成意图的情况下，其适应指向是世界向心灵的指向。这还有一个重要后果：实践推理不仅是在时间中发生的事情，而且它是关于时间的，因为它是由一个自我现在推理出该自我现在或将来要做什么。因此，一旦我们引入时间概念，我们就会明白，自我既需要作为过去行为的责任核心，又需要作为当前和未来行动规划的主体。当我现在为未来做规划时，规划的主体跟将来要实施那行为的自我是同一个自我。时间结构是实践理性必不可少的组成部分，它预设了一个自我。

八、关于不可还原的非休谟式自我存在的论证总结

第 1 步：自愿的意向性行动的存在需要有意识的行为主体。否则，动作就只是一个发生的事件。无论是休谟式的知觉束，还是具有心灵和物理属性的斯特劳森式的“人”[1]，甚至是法兰克福式[2]的拥有关于一阶欲望的二阶欲望的人，其本身都不足以解释主体性。

92 **第 2 步**：作为一个行为主体却不是一个自我，这在逻辑上是可能的。为了成为自我，作为行为主体而行动的实体还必须能够对其行动进行有意识的推理。它必须是大体上能够从事感知、记忆、相信、欲求、思考、推理和认知等活动的实体。对于理性行动而言，只有主体性是不够的。行为主体必须是一个自我。

第 3 步：这是关键的一步。理性行为的解释有一个特殊的逻辑特征。将理性行为的解释理解为因果解释，它们就是无效的。原因通常不足以解释行为。然而，理性行为的解释本身就是完全充分的解释。它们的可理解性要求我们不要将它们视为在列举决定事件的原因，而是将它们视为在列举有意识的理性主体采取行动的理由。这行为主体是一个自我。主体性加上理性工具就等于自我。

---

[1] Peter Strawson, *Individuals*: *An Essay in Descriptive Metaphysics*, London: Methuen, 1959, pp. 87–116.

[2] Harry G. Frankfurt, “Freedom of the Will and the Concept of a Person,” *Journal of Philosophy*, January 1971, pp. 5–20.

第 4 步：一旦我们有了一个作为行动主体的自我，那么其他许多令人困惑的概念，特别是责任以及随之而来的责备、有罪、应得、奖励、惩罚、赞扬和谴责等概念，就可以得到解释。

第 5 步：自我的存在解释了主体性与时间的关系。同一个自我必须对它过去所做的行动负责，并且它必须能够规划未来。所有推理都是在时间中进行的，而实践推理在我试图解释的那种意义上就是关于时间的推理。

九、经验与自我

我所描述的“自我”是一个由一系列具体特征所定义的可作纯粹形式化刻画的实体，这种自我与我们实际的意识经验是什么关系呢？我们是否在某种意义上正在挑战休谟关于不存在对自我 93
的经验的结论？简而言之，对于这个“自我”我们能说什么呢？到目前为止，一无所知。对理性行动的形式要求是必须有一个行动的自我；在这个意义上说，有一个进行感知的行为主体或自我，却不是知觉的形式要求。因此，休谟将“我”视为一连串印象和观念，即使将其更新为包括一个具有其全部倾向的身体的自我，也没有抓住理性主体性(即自我)的基本要求。

回答这个问题的关键在于审查我们自己的意识的结构，因为自我的首要条件是它应该能够具有意识。根据我所给出的解释，自我不是一种经验，也不是一个被经验到的对象。例如，当我看着一张桌子时，我有一种视觉经验，并且有一张桌子是这经验的对象。相比之下，不存在关于自我的经验，也没有任何被经验为自我的对象。确切地说，“自我”只是一个实体的名称，它将其自身的活动经验为不仅是一束惰性的知觉。我的意识经验的特征是，我进行审慎思考和采取行动，我有知觉，我在审慎思考中使用我的记忆，我做决定，我执行我的决定(或未能执行它们)，并且我感到满意或不满意，感到有罪或无辜，这取决于所有这些活动的最终结果。在某种意义上说，我在这里遵循的路线是休谟的怀疑论和“我们每个人都承认自己是一个自我”的前理论的朴素观点之间的一条合适的路线。我要表达的观点是，虽然自我不是一种经验的名称，也不是一种经验的对象的名称，但我们的经验
94 有一系列的形式特征，这些特征构成了作为自我的我们自己。

我们如何能确信设定自我的明显要求不仅是句子的主谓结构强加给我们的语法错觉？当我们说“我决定投票支持克林顿”时，我们没有物化某种东西以便让“我”有一个可以指称的对象吗？没有。因为即使在我什么都不做的情况下，语法上的要求也是一样的。想一下，“我看到玫瑰”。就现象学层面而言，你可以这样描述这一现象学事实：“这一连串的经验现在包括一朵玫瑰。”但是，如果你说这一连串的经验现在包含了一个决定，你并没有抓住这个决定的主动特征，因为这个决定是我做出的，是我的一个行动，而玫瑰的经验是被动接受的。

但我们不是假定了一个小人生活在间隙中并为我们做出决定吗？这不是会导致无限后退吗？不是，因为我们生活在间隙中并做出决定。

设定一个自我并不要求我们有关于自我的任何经验。打个比

方会让这一点更加清晰。每当我们看到任何东西时，我们都会有
视觉经验，为了解释这个视觉经验，我们必须设定一个使得这个
视觉经验得以产生的视角，尽管该视角不是一种经验，它本身也
没有被经验到。因此，举例来说，为了解释我对太平洋的这种视
觉经验，我必须设定这种经验是从空间中的某个视角来看的，尽
管当我看到太平洋时，我并没有看到我看太平洋的视角，这个视
角也不是看的经验的一部分。与此类似，自由行动的经验需要一 95
个自我，尽管自我既不是一种经验，也不是被体验的对象。

所以利希滕贝格(Lichtenberg)错了。我们不应该说“它思考”而是“我思考”。如果思考是一个自愿的主动过程，那么一定有一个进行思考的自我。

十、结论

那么什么是自我呢？从休谟自己的角度来看，他无疑是正确的。如果我们用“自我”表示某套经验，比如痛苦，或者表示我们的经验的对象，比如我面前的这张桌子，那么根本没有这样的东西。为了解释理性的主体性，我们必须设定一个将理性能力和主体性能力结合在一起的自我。自我的特征可以表述如下：

有一个 x，它是这样的：

(1) x 是有意识的。

(2) x 在时间中持续存在。

(3) x 在理性的约束下，运用理由来起作用。

(4)x 在自由的前提下，能够运用理由来做决定、发起和实施行动。

(5)x 至少对其某些行为负责。

这个论证中隐含的一个结果是我现在想要明确说出来的，因为它在后面的章节中很重要。理性的主题不是论证的形式结构，
96 更不是边际效用和无差异曲线。理性理论讨论的核心话题是人类（大概还有其他某些动物，正如柯勒的黑猩猩让我们确信的那样）自我在推理过程中的活动。正如语言哲学的核心主题既不是句子，也不是命题，而是言语行为，**理性哲学的主题则是推理活动，一种有意识的自我的目标导向活动。**

第四章　理由的逻辑结构

什么是行动的一个理由？这个问题被认为是非常困难的，以至于菲利帕·富特曾经写道："我确信我不理解'行动的一个理由'这个观念，我想知道是否其他人也不理解。"[1] 但为什么会这么困难呢？毕竟，我们不是每天都要应对行动的理由吗？怎么可能有什么难以理解的呢？按照维特根斯坦式的风格，人们可能会说：没有什么是隐藏起来的。

好吧，没有什么是隐藏起来的，毫无疑问答案是显而易见的。尽管如此，我们还是必须寻找答案，结果会发现，答案比我们所预期的更为复杂。我们可以从前面的章节中推断出，任何作为

---

〔1〕 引自 G. Cullity and B. Gaut (eds.), *Ethics and Practical Reason*, Oxford: Oxford University Press, 1997, p. 53。

行动理由的东西都将拥有某些形式特征。例如，它的存在和运作必须与间隙一致。也就是说，它必须是一种能够理性地激发行动的东西，它激发行动的方式是行为主体自我能够**根据**它而**行动**，尽管它并没有通过充分条件而因致行动。此外，它似乎必须有一
98 个内容，这个内容以某些特别的方式在逻辑上与在先意图和行动中意图（两者都有向上的适应指向）的内容联系在一起，因为它是在先意图和行动中意图的理由。但具体如何呢？所有这些都非常模糊，我认为在我们更细致地解决我们的问题之前，我们无法说出任何实质性内容。因此，让我们首先问：无论如何，什么东西如何能成为什么东西的理由，什么又是理由呢？一些句子包含有“理由”一词及其相关语词，诸如“解释”“为什么”“因为”等，看看这些句子的日常用法是很好的第一步。我们的研究最初是要问：在什么条件下一个陈述 S 为现象 P 陈述一个理由 R？有了这个问题的答案，我们就可以进行下一步的提问：一个人拥有诸如信念和欲望这样的意向状态，在什么条件下陈述 S 会为这个人陈述出理由 R？因为在先意图和行动中意图都是意向状态，如果我们能够从总体上回答关于意向状态的问题，那么这个答案似乎应该会引导我们回答意图做某事的特殊情形。如果我们能得到这个答案，那么它就已经是对“在什么条件下陈述 S 为行为主体 X 实施行为 A 陈述出理由 R？”这一问题的回答；因为在其他条件相同的情况下，意图做某事或尝试做某事的理由就是做这件事的理由。

一个理由始终是一个行为主体的理由，因此我们似乎正在尝试完成下面这个双条件句。

> 一个陈述 S 为行为主体 X 实施行为 A 陈述出理由 R，当且仅当……

但即使是这种表达式也似乎太敷衍了事了，首先，因为它没有区分好的理由和坏的理由，即没有区分理性上可以接受的理由 99
和理性上不可接受的理由。其次，因为我们的理由解释必须区分行为主体可用的理由和不可用的理由，而这个表达式并没有这样做。一个人可能有很好的理由去做某事，但他不知道这理由。例如，人们长期以来有很好的理由不吸烟——吸烟会致癌——但他们不知道自己有这样的理由。最后，“行为 A”这种明显的指称表达的使用，往好里说，也是一种误导，因为在计划未来的行为时，这样的行为还不存在，而且实际上它有可能永远不会存在。因此，未来行动的理由是实施某种**类型** A 的行为的理由。让我们尝试那双条件句的另一种表达式：

> 理性行为主体 X 正确地将陈述 S 视作为 X 实施类型 A 的行为陈述有效理由 R，当且仅当……

在本章后面我们将会看到，即使是这种表述问题的方式也是不够好的。正如哲学中通常的情况一样，最大的问题是如何正确地表述问题。然而，此时此刻，我们还在翻来覆去地尝试。

请注意，这类理由陈述在三个方面是关系性的。首先，具体说明的理由是其他事情的理由。任何事情独自都不是理由。其次，行动的理由是双重关系性的，因为它们是**行为主体自我**实施行动的理由。最后，如果理由要在审慎思考中发挥作用，行为主体自我就必须**知道**这理由。总而言之，要在审慎思考中发挥作用，理由必须是对某类行为的理由，它必须是行为主体的理由，

100 并且必须被行为主体知晓。这样的陈述通常是内涵性的陈述，因为它们不允许推断说作为理由支撑对象的事物确实存在。例如，一个人可以有实施某项行动的理由，但他从未实施那项行动。（稍后会详细说明内涵性）

一、什么是理由？

理由的概念至少植根于其他三个概念中，而这四个概念只能作为一个整体来理解。其他三个概念就是“为什么”“因为”和“解释”。陈述一个理由通常就是给出一个解释，或给出一个解释的一部分。给出解释是为了回答“为什么？”这个问题，给出理由的一个恰当形式就是“因为……”对于“为什么 p 是事实？”这个问题，答案是“因为 q 是事实”，如果 q 确实解释或部分解释了 p，则这个答案给出了 p 的理由。这就是为什么所有理由都是“为什么”的理由的原因。“理由”和“解释”都是成功性概念，因为理由和解释可能有好有坏，但如果一个推定的理由或解释确实足够糟糕，那么它根本就不能成为理由或解释。

“因为”是一个非真值函项句子连接词。它连接**完整的**句子。“为什么”也接完整的句子。在句子的表面语法中，有时“为什么”的问句包含一个简单的表达式或短语，而“因为”引导的答案包含一个介词短语，这一事实掩盖了它们接完整从句的要求。问题：“为什么现在？”或“为什么胡须？”答案：“因为莎莉”

或“因为懒惰”。但在所有这样的情况下，我们都必须将相当短
的表达听成完整句子的缩略表达。例如：“为什么你现在就要离 101
开？”回答，“因为莎莉现在需要我”。“为什么你留胡须？”回答，“因为我太懒而没刮它”。

“为什么”问句和“因为”答语的句法，在完全阐明时，总是需要完整的从句，而不仅是名词短语。这种句法观察表明了两个语义结果。首先，解释项和被解释项的具体说明必须有一个完整的命题内容；其次，在陈述之外必须有与其内容相对应的东西。理由陈述是陈述，因此也是语言性的东西，即具有某种命题内容的言语行为；但理由本身以及理由所支撑的事物并不是典型的语言性的东西。除了我稍后会提到的一些重要的例外情况外，只有当理由陈述和具体说明被解释事物的从句实际上都为真时，理由陈述才能给出好的或充分的解释。但是，使得陈述和从句为真的东西是独立于语言的东西。因此，如果有人问我：“为什么加利福尼亚州比其他任何州发生的地震都要多？”我的回答是“加利福尼亚州是地震断层最多的州”。仅当加利福尼亚州确实比其他任何州发生的地震都要多，且实际上加利福尼亚州是地震断层最多的州，这些断层与地震有因果关系时，这个回答才构成一个解释。世界上的特征使得陈述或从句为真，或者它们凭借这些特征而为真，描述这些特征的一个通用词就是“事实”。一个解释是一个陈述或一组陈述。但一个理由不是一个陈述或一组陈述，理由所支撑的事物也不是一个陈述或一组陈述；确切地说，
就我们所考虑的情形而言，被解释项和解释项都是事实。一个事 102

实只有相对于它作为理由而支撑的事实才是理由，只有当它与那个事实处于解释的关系中时，它才是支撑那个事实的理由。[1]

因此，人们很容易认为**全部**理由都是事实。但在我对事实的理解存在错误的情况下，它还能提供解释吗？问题："你为什么带着伞？"回答："因为正在下雨。"问题和答案都满足命题内容这个要求，但假设我错了，没有下雨。尽管如此，我的回答中隐含了一个真实的解释。在我做出陈述时，我表达了"正在下雨"的**信念**，这个信念可以是我的行动的理由，即便这个信念是错误的。在这种情况下，我们可以说，"我相信它是理由"的**事实**或**我的信念**是我的行动的理由。此外，我可以有理由做我实际上从来不会去做的行动，但如果我提出理由作为解释，那么它可以解释我去实施某个行动的意图，即便这个意图从来不会得到执行。这样的例子表明，理由和理由所支持的事物可以是世界上的事实，也可以是诸如信念、欲望和意图之类的意向状态。因此，比
103 如，我**为什么说**加利福尼亚州的地震断层最多，其解释可能是我**相信**加利福尼亚州的地震断层最多。我的信念可能是我行动的理由，无论这个信念是否为真。成为理由的东西，其形式约束是它必须具有命题结构，并且必须与理由陈述相符合。[2]

---

〔1〕 言语行为爱好者(祝福他们所有人)无疑会纳闷我为什么不直接分析解释这一言语行为。毕竟，解释是一种言语行为。理由是这样的分析无法回答我们在这个讨论中想要回答的问题。"解释"并不能命名一种独立的施事语旨。解释是一组典型的断言性言语行为，但为了使它们成为真正的解释，它们必须为真，而使它们为真的事实必须与它们所要解释的事物存在解释关系。因此，任何言语行为分析本身都无法回答我们在此需要回答的问题。

〔2〕 全部理由都是事实，对这个命题的一个有趣辩护，见：Joseph Raz，*Practical Reason and Norms*，London：Hutchinson，1975，第1章。

这些例子显示出的假设是这样的：**全部理由都是具有命题结构的东西，它们可能是世界上的事实，比如正在下雨的事实，或者它们可能是命题性的意向状态，比如我要保持干爽的愿望。理由可以既不是事实，也不是意向状态，而是诸如义务、承诺、要求和需求之类具有命题结构的东西。**理由的这一本体论特征解释了这样一个句法事实：理由陈述需要一个“that”从句，或其他某种等价的形式，用以表达一个完整的命题。我们没有一个英语单词可以用来命名所有这些类型的东西。“事实”和“事实性的”过于暗示真理性，无法涵盖信念（即便信念为假，也可以作为某人的理由）和世界上的事实。“命题”和“具有命题结构的东西”过于接近语言性的和意向性的东西。我建议使用旧的语法术语“使成的”（factitive）来涵盖具有命题结构的东西，无论它们是意向状态，世界上的事实，还是不属于这二者的东西，比如义务。我规定“使成式事体”（factitive entity）是指任何具有命题结构的事物，即由“that”从句具体说明的结构。全部理由都是使成式事体，或简称使成物（factitives）。因此，正在下雨的事实，我相信“正在下雨”的信念，我渴望下雨的欲望，我对下雨的需求，104
所有这些都可以成为理由。但雨水本身并不能成为理由。我在这里要表达的观点并不是“所有陈述都必须表达命题”这一无关紧要的观点，而是说，对一个理由的具体说明在本质上是命题性的；理由本身，即那个事体本身，具有使成式的或命题性的结构。这些使成式事体不仅包括世界上的事实，例如正在下雨的事实，还包括信念、欲望、需要、义务、承诺和其他许多使成式事体。

因此，举例来说，假设有人问我“你为什么带着伞？”我可以给出以下各种答案：

(1) 正在下雨。

(2) 我相信正在下雨。

(3) 我不想被淋湿。

(4) 我有这样做的义务。

(5) 我需要保持干爽。

所有这些陈述都叙述了我所介绍的这种意义上的使成式事体。第一个陈述如果为真，则陈述了正在下雨这一事实。但信念、欲望、义务和需要也都是使成式事体。有些理由表征其他使成式事体。因此，一个信念表征世界上的一个事实，但即使信念不为真，也就是说，即使世界上不存在相应的事实，信念也可能是某件事的理由。

为什么理由必须有使成式结构？我不知道。我的猜测是，你必须能够用理由进行推理，而且你只能用具有命题结构的东西进行推理。

105 我们的下一个问题是：什么使得使成式事体成为其他事物的理由？鉴于我们刚才所说的，这相当于问：在什么条件下，这样一个事体才能与其他事物构成解释关系？一方面，存在一类使成式事体，即理由；另一方面，存在一类需要解释的使成式事体，这类东西可以包括从战争到地震的几乎所有事物的事实，也包括欲望、信念等使成式事体。我们可以通过陈述第一类东西的某些成员来解释第二类东西的成员。那么第一类东西的哪些特征使他们能够解释第二类东西的成员呢？解释关系的多样性与人们对现象所能给出的无限多样的解释相对应，比如有因果解释、逻辑解释、证成解释、美学解释、法律解释、道德解释、经济解释，等等。它们提供解释，如果有共同特征的话，除了一些微不足道的东西外，所有这些东西具有的共同点是什么呢？我不知道，也许它们没有任何共同点。在维特根斯坦的意义上说，解释似乎形成了一个家族，通过家族相似性而联合在一起。有大量不同类型的解释关系，但有一个共同的形式要素贯穿在许多解释关系之中，这就是模态元素。模态家族包括为什么某事**必须**存在或必须发生，或**应该**发生或**必定**发生，或**理应**发生，等等。解释关系包括使某事发生、因致某事发生、使某事成为必要、使某事变得更有可能、证成某事、引起某事、为了……而做某事，以及其他等等。我认为这里最原初的观念是“使某事发生”的观念，而我们解释的范例形式是因果解释。使某事发生最常见的方式是因致它 106
发生，而解释某事最常见的方式是具体说明其原因。

因为理由陈述的解释力依赖于如何描述解释现象，所以理由陈述是非外延性的。关键点不只是连接词“因为”是非外延性的，而且在理由陈述中没有可替代性。简而言之，理由陈述不仅在存在概括方面是内涵性的，而且在可替代性方面也是内涵性的。

请考虑：

> 加利福尼亚州比其他任何州发生的地震都更多，因为加利福尼亚州是地震断层最多的州。

这个陈述连同如下同一性陈述：

> 地震断层最多的州就是电影明星最多的州。

不允许做出这样的推论：

加利福尼亚州比其他任何州发生的地震都更多，因为加利福利亚州是电影明星最多的州。

这种理由陈述不具有可替代性，这是如下事实的结果：陈述的解释力依赖于如何描述所讨论的现象，它依赖于表征的面向形态和模式。如果解释性面向(这个例子中的因果面向)的具体规定在共指表达的替代中没有被保留，那么真值就不会被保留。

107 多年前，人们争论过“理由是否是原因”的问题。我一直认为这些争论是混乱的，因为他们没有考虑到理由陈述和原因陈述之间明显的语法差异。原因通常是事件，理由永远不是事件。你可以通过陈述原因来给出理由，但这并不意味着理由和原因是同一个东西。为了清楚地说明这一点，让我们看一个例子。

(1)奥克兰高架高速公路为什么坍塌?

这个问题在找一个解释，因此在找一个理由。这通常是通过指明原因来给出回答，例如：

(2)洛马普里塔地震造成地基损坏。

(2)给出了充足的理由，因而给出了一个解释。它通过指明坍塌的原因来给出解释。地震、地基损坏的事件、高速公路坍塌的事件，这是具有因果关系的三个事件。地震因致损坏，损坏因致坍塌。(2)指明了这个因果序列，因而是对第三个事件的解释。关于理由的陈述在对事实的叙述中给出了解释。坍塌的**原因**是一个**事件**，即地震。坍塌的**理由**是**事实**，即有一场损坏地基的地震。关于事实的陈述指明了原因，但原因与理由不是同一个东西。

到目前为止，我们已经取得了些许进展，但进展不大：理由是具有使成式结构的事体。解释是一种以给出理由为内容的言语 108
行为。只有当理由本身与它作为理由要对其进行解释的事物之间具有一个或多个解释关系时，关于理由的陈述才是在进行解释。但即使是这一点小小的进展也带来了有趣的结果。尽管关于理由的陈述通常会指明一个原因，但在这种情况下，并不能推断出原因与理由等同的结论，因为理由始终是使成式事体，而原因通常是事件，而不是事实。

二、意向现象解释的一些特征

行动、信念、欲望和希望，以及战争、经济政策、爱情和小说，等等，这些都是意向现象，当我们引入对意向现象的解释时，我们就引入了一个新的因素，即理性，并且理性要求给出的理性解释通常需要证成。意向现象受到理性的约束，对意向现象（信念、欲望、行动，等等）进行解释的要求通常是要求表明：它如何是理性的，以及它如何能得到证成。也就是说，“你为什么这样做？”“你为什么那样相信？”“你为什么希望那样？”“你为什么想要那样？”以及“你为什么爱上她？”“你为什么去打仗？”“你为什么降低利率？”“你为什么写那本小说？”当我们通过问这些问题而要求给出解释时，我们提出的问题不仅是“什么使得它发生？”这个问题族中的问题，而且是“它的发生有什么正当理由？”以及“你的行动依据的理由是什么？”这个问题族中的问

109 题。意向现象中的理性与证成不是同一回事，因为意向状态可以没有得到证成，但并不因此就是非理性的。我可能会“凭预感”在股票市场上购买股票，我的预感绝不能证成我的选择，但我的行为并不因此就一定是非理性的。理性和证成都是规范性概念，但理性比证成更具普遍性。一般来说，有证成的意向状态是理性的，但并非所有理性的意向状态都是有证成的。

为什么引入意向现象的解释性理由会自动引入理性和证成的规范性范畴？因为受这些规范约束是意向现象的构成性要素。**受制于理性的评价标准是意向现象的内在要求，也是意向现象的构成性要素**，就像输赢是足球比赛的构成性要素一样。你并不是先有信念、希望、欲望和意图，然后再从外部引入理性的评价形式；相反，拥有信念等，就已经拥有受这些规范约束的现象。此外，不同形式的意向性都有他们自己的规范性形式。因此，举例来说，信念被料想为是真的，因此它们受到理性和证成的特殊约束，比方说，受证据的约束，受其他真理性的理由的约束，受一致性的约束。理性要求人们不能有意地持有不一致的信念。理性对欲望没有这样的要求：人们可以理性地想要 p，并且也想要非 p。

与现实世界中其他任何真实的经验现象一样，人们可以对意向现象直接给出跟理性或证成无关的因果解释。例如，“琼斯因
110 为脑震荡而相信自己是拿破仑”。这样的解释是因果解释，但这个解释没有给出任何理由来证成琼斯的信念或表明其信念是理性的。它给出了他拥有该信念的因果性理由，但没有给出**他**持有该信念的理由。意向现象的特殊性在于，它们因其本性而受到理性

的约束，并且作为这个约束的一部分，它们受到证成要求的约束。

所有好的理由都会起解释作用，而所有解释都是给出理由。但这一点必须得到准确理解。一个人可能有起证成作用的理由来相信某件事或做某件事，即使那个起证成作用的陈述没有给出这个人为什么相信它或为什么那样做的理由。**证成我的行动的理由，因而也是解释“为什么那是做得正确的行为”的理由，这个理由可能与解释我实际上为什么那样做的理由有所不同**。因此，如果被要求证成投票给史密斯的合理性，我可能会说我投票给他是合理的，因为他是最有才智的候选人。但这样说，我并没有回答我为什么投票给他的问题。我可能会说他是最有才智的候选人，以此来**证成**我的投票行为，尽管我的**行为所依据的**理由是，他是我的一个老酒友，而这与才智毫无关系。在这种情况下，我为我的行动给出的证成仍然没有回答“你为什么那样做?”的问题。举一个更严肃的例子，杜鲁门投下原子弹是否合理的问题，公众的许多讨论都不是在讨论他的**行动所依据的**理由，而是在讨论那个行动是否有证成的问题，即总的来说那是否是件好事的问题。所有理由陈述都是解释，但我现在要表达的观点是，对“**为什么应该做某事或为什么做某事是一件好事**”的解释，并不总是与**实际上为什么那样做**的理由相同。在本书中，我们主要关注的 111
是解释为什么某事发生的解释，以及陈述行为主体采取行动或将要采取行动的理由的解释。我们对证成感兴趣，只在它们也解释行为主体为什么采取行动或为什么将要采取行动的范围内感兴趣。因此，我将区分证成和我所说的“证成性解释”。证成并不总是解释为什么某件事事实上发生，但对其发生的解释，无论它是否是证成性的，都必须解释它为什么发生。因此，真正的解释的一个子类就是证成性解释。

到目前为止，我们已经找到了关于意向状态的四种解释。

(1) 直接的因果解释。举例：琼斯因脑震荡而相信自己是拿破仑。

(2) 为什么某事发生的理由解释。举例：琼斯投票给史密斯，因为史密斯是他的老酒友。

(3) 证成性解释。举例：琼斯投票给史密斯是有证成的，因为史密斯是最有才智的候选人，这就是琼斯投票给他的理由。

(4) 没有解释行为为什么发生的证成。举例：琼斯投票给史密斯是有证成的，因为史密斯是最有才智的候选人，尽管这并不是琼斯实际上为什么投票给他的理由。

考虑到这一切，我现在要提出一个至关重要的看法：**对为什么某意向现象发生的理由解释引入规范约束并不能消除因果约束**。由于存在间隙，行动和其他许多意向现象的原因通常不会给
112 出充分条件，因此，在更精确的表述中，我们应该说：**就意向现象而言，为什么一个行动发生？一个行为主体为什么接受某个信念？一个行为主体为什么形成某个欲望？一个行为主体为什么爱上某人？如此等等，回答这些问题的解释的规范约束不会消除其因果约束，这个约束是对行为主体为什么那样做的解释必须陈述出对这个行为主体有效的理由**。你可以对不理性的意向现象做出

因果解释，但你无法对不包含因果有效性概念的意向现象为什么发生做出理性解释。就行动而言，行为主体通过根据某个理由而行动使这个理由有效。就信念而言，行为主体因他所接受的理由而接受信念。就被激起的欲望而言，行为主体基于理由而形成欲望。因此，举例来说，如果被问到“你为什么投票给民主党候选人?”有人可能会说：“这只是我的一种非理性的痴迷。我无法控制自己，我从小就总是被教育要投票给民主党。”这样的解释给出了一个因果解释，但不是理性解释，更不用说证成性解释了。但如果有人说，“我投票给民主党候选人是因为民主党会更支持工会，而我承诺支持工会”，为了给他的行为提供一个理性解释，这样的解释也必须是因果解释。行为主体根据那个信念和承诺而行动。人们可以对意向现象提供非因果性的证成，但就这个证成没有陈述出在因果关系上有效的理由而言，它就不能解释为什么那个意向现象会发生。对于信念、欲望和情感以及行动来说都是如此。

总结一下：到目前为止，我已提出了三项实质性主张。首 113
先，所有理由都是使成式事体，它们与它们作为理由去支持的事物之间存在一个或多个解释关系。其次，意向现象还受到某些规范的约束。最后，如果我们解释为什么某人做了某事或拥有某种意向现象，这些规范约束并不能消除其因果约束。为了起解释作用，理由和理性必须发挥因果作用(当然，这是在有间隙的前提下发挥作用)。意向现象的特殊性在于它们既准许非规范性的因果解释，也准许规范解释。**但为了解释意向现象的发生，规范解释也必须是因果性的**。非意向现象，比如地震，只准许非规范性的解释。因此，意向现象的证成并不总是在解释它为什么发生。因此，重复一遍，我们至少有四种情形：一是非意向性的因果解释，比如说，他因为脑震荡而相信自己是拿破仑；二是对它为什么发生的理性解释，这个解释不是为了证成；三是对它为什么发生的证成，这个证成也可以解释它为什么发生；四是单纯的证成，这个证成不解释它为什么发生。

三、行动的理由和总理由

到目前为止，本章的所有内容都是初步清理地基的工作。现在我们必须着手做建设性的部分。本章论证的核心就在本节，为
114 了整体的清晰性，我将把论证安排成一系列编号的步骤。从我们在前两节提出的一些观点开始。

1. 理由既是命题性的，又是关系性的。为了成为理由，一个事体必须具有命题结构，并且它必须与也具有命题结构的其他事物相联系，这个“其他事物”就是作为理由的事体所支持的事物。因此，所有理由都只有相对于它们作为理由而支持的事物才是理由。这个琐碎且符合语法的观点有一个后果：就意向性而言，一个理由始终是对某个意向状态的理由。它是相信某个命题的理由，或是拥有某种欲望的理由，或是形成在先意图的理由，或是行动中意图的理由，即实际实施行动的理由。就行动理由的特殊情况而言，一个理由也是某个人实施某项行为的理由，如果这个理由要在审慎思考中发挥作用，那么行为主体必须知道该

理由。

2. 理由是使成式事体。我行动的理由可以是世界上的事实，比如正在下雨的事实，也可以是具有使成式结构的意向状态，比如信念和欲望，或者它们可以是世界上的使成式事体，比如责任、义务和承诺，所有这些都有一个向上的适应指向。

3. 我们需要区分外在理由与内在理由。就我表达的意思而言，外在理由是世界上可以成为行为主体之理由的使成式事体，即使行为主体不知道这个事体，或者知道但他拒绝将其作为理由来承认，它都可以成为行为主体的理由。因此，正在下雨这一事实，或者一个人负有义务的事实，就是一种外在理由。为了使这种外在理由在实际的审慎思考中起作用，它必须由行为主体的某 115
种内在意向状态来表征。行为主体**相信**正在下雨，或者行为主体**认识到**他的义务。因此，在理想的理性环境中，内在理由和外在理由是匹配的，因为只要有外在理由在审慎思考中起作用，它们就会在行为主体的心灵中被表征为内在理由。行为主体的审慎思考只能调用内在理由，但内在理由往往只是因为它们表征了外在理由才成为有效理由。因此，举例来说，如果我因为相信正在下雨而决定带伞，那么我的信念就是一个内在理由，但它是一个有效的理由，仅当它跟外在理由相符，即仅当事实上正在下雨。

4. 一个行动的理由是一个理由，仅当它就是总的理由，或者它是总理由的一部分时。我已经说过，行动的理由至少在三个方面是关系性的，但还有第四个方面也需要强调：陈述是对**行动理由**的陈述，仅当该陈述与其他某些陈述系统性地关联在一起时。通过考虑事例，你就可以明白这一点。我带伞的理由是我相信会下雨。但我的理由是一个理由，仅因它是总理由的一部分而已，诸如我有想要保持干爽的愿望，以及“如果我有一把雨伞我就能保持干爽”的信念，都是包括在这个总理由之中的。

总理由是一组使成式事体。它们可能是信念、愿望或事实，比如正在下雨的事实，或我有义务去堪萨斯城的事实。因此，在回答“你为什么带着伞?”这个问题时，我可以说如下这些东西：“要下雨了”“我相信要下雨了”，或者“我不想被淋湿。”

5. 总理由原则上可以完全是外在理由。比如说，某人可能有
116 理由吃柑橘类水果，但没有任何相关的意向状态。因此，假设柑橘类水果富含维生素 C 是事实；维生素 C 能预防坏血病；坏血病是一种可怕的疾病。所有这些都可能是吃柑橘的总理由的组成部分，即使对于那些对它们一无所知或对疾病漠不关心的人来说也是如此。

如果一个全部外在的总理由不可能激起行为主体的动机，那么在什么意义上可以说它是这个行为主体的理由呢?答案是，外在理由的动机力量是用虚拟条件来定义的：如果行为主体确实拥有适当的知识，也就是说，如果他知道自己的健康需要，并且知道如何满足这些需要，那么他如果理性的话，他就会将这些视作行动的理由。因此，尽管外在理由与内在理由在理想情况下是相互匹配的，但我们仍然需要区分这二者。一个完全理性的行为主体可能会根据一个在理性上有证成的信念而采取理性的行动，而这个信念最终被证明是错误的；一个完全理性的行为主体也可能会根据世界上的事实而行动，即便行为主体没有关于这个事实的知识，或者虽然知道这个事实但拒绝将其作为理由来承认，这个

事实依然可能是行为主体采取行动的一个令人信服的理由。

6. 为了能在理性的审慎思考和导致行动的理性过程中起作用，外在总理由的每个要素都必须与内在要素相匹配。也就是说，构成外在理由的事实必须被有关行为主体相信、知晓、认识或以其他方式承认。因此，健康需要、义务或正在下雨的事实，都可以在审慎思考中起作用，只有当有关行为主体相信或以其他方式承认有关事实时，它们才会在激发行动的审慎思考中起作用。要下雨的事实可能成为我带伞的理由，无论我是否知道这个 117
事实。但只有当我承认要下雨的事实时，它才会在我的思考中起作用。此外，无论“要下雨”的信念是否正确，这个信念都会在我的审慎思考中发挥同样的作用。这使得看起来真正重要的似乎不是事实本身而是信念。但这是错误的。信念对事实负责。事实上，在某些情况下，理性可能需要某个信念而不是另一个信念。因此，如果我望向窗外，看见正在下雨，那么在其他条件相同的情况下，我拒绝相信正在下雨，这将是非理性的。

这看起来似乎有无限后退的威胁：理性需要信念，但信念本身的获得需要理性。为什么这不会导致无限后退呢？

7. 为了表明为什么这种情况不会导致无限后退，我需要引入**承认理性**的概念。理性可能要求行为主体在某些认知条件下只是承认世界上的某个事实，比如承认他承担了一项义务的事实，或者他有某种需要的事实，或者他处于某种危险之中事实，等等，尽管没有导致理性结果的理性过程，没有导致理性结果的审慎思考活动。获得理性的意向状态，并不总是需要理性的审慎思考过程，或者实际上根本就不需要任何过程。

通过对比这些意向状态的获得与对它们做出非理性的否认，我们就可以看出这些意向状态的获得是理性的。实际上，一种常见的非理性形式就叫作“否认”，即行为主体在压倒性的证据面前固执地否认某事。例如，我曾经有一个朋友成了酒鬼。他很长
118 一段时间都固执地拒绝承认自己是个酒鬼。他只是认为自己比其他人更喜欢多喝一点儿。还有其他一些情况，比如，人们干脆拒绝承认他们承担的义务，或者拒绝相信他们被背叛了，或者拒绝相信他们处于危险之中。这些例子的要义是说，非理性态度背离了对事实的简单理性承认。但对事实的理性承认并不一定需要审慎思考。我可能只是看一眼，就看见一辆卡车正向我冲来，或者望一下窗外，就看见正在下雨。在这两种情况下，我承认这些事实为我提供了行动的理由。因此，在这些情况下，理性要求我相信正在下雨或那辆卡车正向我冲来，但我不必为了得出这些理性结论而从事理性的审慎思考。许多内在理由都是建立在对外在理由的理性承认的基础上的。在许多情况下，对外在理由的理性承认不需要任何额外的审慎思考。承认理性并不一定是要经过一些步骤的问题。

8. 构成总理由的使成式要素集必须至少包含一个具有世界向心灵之适应指向的要素。让我们把这些具有世界向心灵之适应指向并且至少能够在总理由中潜在地起作用的要素称为**动机因素**：每个总理由必须至少包含一个动机因素。为什么？因为审慎思考行动的理性就是寻找满足动机因素的方式的问题。一个总理由必须包含至少一个动机因素，对于这一断言的论证就是总理由必须能够理性地激发行为主体的行为动机。总理由必须为实施行动的

在先意图或行动的有意实施提供理性基础。为了做到这一点，在 119
总理由中必须有某事体具有世界向心灵的适应指向，并为具有世界向心灵适应指向的在先意图和行动中意图提供基础。

动机因素可以是世界上具有知识论方面客观性的事实，比如行为主体有某些需要或负有某些义务，倘若如此，那么这些外在动机因素只有在行为主体承认其如此时，它们才能在审慎思考中起作用。重复一下我在上一节提出的观点，承认理性可能要求行为主体将动机因素承认为动机因素。如果一个人拒绝承认有一辆卡车正向他冲来，这使他面临巨大的人身危险，那么就此而言，即使他没有经过审慎思考的过程，他也确实是非理性的。但目前讨论的要点是，要使外在动机因素在审慎思考中起作用，它们必须得到行为主体的承认。

动机因素可以是外在因素，也可以是内在因素。比如说，欲望是内在动机因素，而需要和义务是外在动机因素。但是，重复一遍，外在动机因素只有在它们被表征为内在动机因素时才能在审慎思考中起作用。行动的总内在理由中必须至少包含一个被行为主体认可的动机因素。

9. 推理有一个动机因素，这个要求对于理论理性和实践理性来说都是正确的。因此，假设我相信以下形式的命题：p，并且如果 p 则 q。这一切与我接受、承认或相信 q 有什么关系呢？如果信念只是中立的对象，即因果关系集（根据一种流行的理论，信念是因果关系集，但这种理论是错误的），那么我这个自我为什么要关心 q 呢？答案是，信念是对真理的承诺。当我持有一个
信念时，我就会承诺它的所有逻辑结论。承诺是一种独立于欲望 120

的外在动机因素，它具有世界向心灵的适应指向。这就是实践理性与理论理性在这方面没有原则性区别的真正理由。理论理性是实践理性的一个分支，它关注的是接受、承认、相信和断言命题的理由。

10. 乍一看，这些动机因素似乎千差万别，令人生畏。作为内在动机因素，它包括欲望、希望、恐惧、羞耻、骄傲、厌恶、尊敬、野心、爱和恨等，更不用说饥饿、干渴和情欲了。作为外在动机因素，它包括需要、义务、承诺、职责、责任和要求等。请注意，这两组动机因素都是我之前解释的那种意义上的使成式事体。

11. 外在动机因素是世界上的使成式事体。在将它们确认为外在动机因素的描述下，即在诸如“需要”“义务”“承诺”“要求”“责任”这样的术语给出的描述下，他们始终是相对观察者的。比方说，世界上的某些事态可以被确认为健康需要，这只能是相对于人的意向性的。观察者相对性意味着本体论上的主观性，但它并不必然意味着知识论上的主观性。这意味着本体论上相对于观察者的现象始终是要提到有关观察者的意向性。因此，它在本体论上是主观的。但关于本体论上的主观事体的陈述很可能具有知识论上的客观性。我有某种健康需要，这可能是客观事
121 实，尽管它被确认为“需求”是相对于观察者而言的。这是一个重要的观点，所以让我们举例来说明。假设我体内有一定水平的维生素 C。这只是关于我的一个原初的独立于观察者的事实。但假设维生素 C 的水平是这样的，即不足以预防疾病，因此

(a) 我需要更多维生素 C。

那么有什么事实跟我**需要**更多维生素C的断言相符合呢？这个事实是由什么事实构成的呢？世界上的原初事实是这样的事情，比如我体内有一定水平的维生素C，我的身体有一些因果过程，而我体内维生素C的水平不足以维持这些过程。这些事实共同构成了那个需要，但在“需要”的描述下，这些事实具有向上的适应指向。这个向上的适应指向由如下的事实来表明：需要可以得到实现或满足，但它不分真假。一个需要得到实现或满足，当且仅当世界变得跟需要的命题内容相匹配。我拥有一定水平的维生素C，这是世界上的原初事实，它没有任何适应指向。但这个事实足以构成一个相对于观察者的动机因素：我需要更多的维生素C。在“需要”的描述下，这个事实是一个动机因素，即能够作为行动的理由来发挥作用。

陈述(a)叙述了一个作为行动理由的事实。这个理由是一个外在的动机因素，即我的需要。需要是相对于观察者的。只是相对于我的健康和生存而言，我才有这样的需要。尽管这种需要是相对于观察者的，因而在本体论上是主观性的，但我有这样的需要是关于我的一个知识论上的客观事实，也就是说，我有这种需要不止是一个**观点**的问题，它完全是客观的医学事实。

12. 独立于欲望的动机因素，当它们被描述为动机因素时， 122
始终具有向上的、世界向动机因素的适应指向。因此，它们在这些描述下被承认，即它们被认作动机因素，就已经被认作为行动的理由。行为主体不必先要承认一项义务，然后才明白自己有一个行动的理由，因为承认某事是一项义务，就已经承认它是我们所解释的那种意义上的一个动机因素。

13. 做决定的理性至少涉及以下三个要素。首先，识别各种动机因素，包括内在因素和外在因素，并评估它们的相对重要性。假设我答应下周三晚上参加你们的聚会。我显然有义务来参加你们的聚会，而这个义务是一个独立于欲望的行动理由，与我来参加你们聚会的欲望无关。但再假设参加你们的聚会非常违背我的利益，如果我参加的话，我将失去一笔生意，这将损失我的全部财产。这个利益是一种相反的外在动机因素，其力量也必须受到重视。道德哲学家经常说，在这种自私利益对义务的情况下，义务始终应该获胜，比如康德就是如此。但在我看来，这简直是荒谬。在很多情况下，我有一个较小的义务，比如说，我有义务去参加你们的聚会，但我也有与该义务相冲突的重大利益。没有理由说独立于欲望的动机因素始终要获胜。

其次，必须正确认识和评价相关非动机事实。因此，举例来说，我必须能够知道我将如何能履行我的所有各种义务。我是否
123 能履行我所承担的全部义务，甚至这在身体上是否有可能？粗略地说，我们可以将这些非动机事实分为两类。它们都与在第二章解释的那种意义上的“手段目的”关系和“方式目的”关系有关。用直白的语言来说[*]，这些是关于“如何满足动机因素”以及“什么构成对动机因素的满足”的事实。让我们分别将它们称作**效果因素**和**构成因素**。我们必须再次区分内在的和外在的效果因素及构成因素。一个简单的例子将使这些区分变得更清晰。假设我欠你一些钱(外在动机因素)。假设我知道这一点(内在动机

---

* 原文是“in plain English”，如果我们严格按字面意思翻译，似乎会陷入悖论，因为我们是将其翻译成了中文。——译者注

因素）。假设我可以通过开车到你家并给你现金来偿还这笔债务（外在效果因素和构成因素）。假设我知道所有这些（内在效果因素和构成因素）。知道所有这些后，我可能会决定开车去你家并给你钱（实践理性）。

内在效果因素和构成因素始终是信念。它们是关于如何根据因果关系来做事的信念（效果因素），或者是关于做一件事如何构成做另一件事的信念（构成因素）。作为信念，内在效果因素和构成因素对“现实世界中的事物是如何样的”负责。它们具有向下的适应指向。因此，只有当它们符合世界上的真实事实时，它们才是行动的有效理由。我可以通过扣动扳机来开枪，这个事实是一个外在效果因素。因此，如果我有开枪的理由，那么我就有扣动扳机的理由。在我的推理中，外在效果因素是有效的，仅当存在相应的内在效果因素，即我相信只要扣动扳机我就可以开枪。

正是这些相关的特征、动机因素的存在和对事实的承认结合
在一起，才使人们产生了这样的错觉：在某种程度上，所有推理 124
都是手段目的推理，或信念欲望推理。动机因素提供（想要的）目的，非动机事实提供（被相信的）手段。但这种看待事物的方式模糊了内在动机因素与外在动机因素之间的区别，相应地，它也糊了依赖于欲望的行动理由与独立于欲望的行动理由之间的区别。就实践理性而言，人类和黑猩猩之间的巨大鸿沟在于，我们有能力创设和承认独立于欲望的行动理由，并根据独立于欲望的行动理由而行动。在西方哲学史上，关于理性的一大难题始终是：一

个行为主体能理性地被独立于欲望的理由所驱动，这如何可能？因为如果每个行动在某种意义上都是实施该行动的欲望的表达，那么如果行为主体的行动所依据的理由本身既不是欲望，也不奠基于其他欲望，那欲望又从何而来？独立于欲望的理由究竟如何能够合理地为欲望提供基础？经典模型为这些问题给出的标准答案是，行为主体在这些独立于欲望的行动理由之上必须具有某种更重要或更高阶的行动的欲望。因此，行为主体必须具有说真话、信守诺言或履行义务的一般欲望。但这肯定是看待这些问题的错误方式，因为这意味着，在行为主体没有这些高阶欲望的情况下，他根本没有说真话、履行义务或信守他的诺言的理由。我们需要表明的是，行为主体承认某事物是陈述、承诺或其他形式的义务，仅仅是这一事实就已经成为动机的基础。这怎么可能
125 呢？简短的回答是，所有这些都具有向上的适应指向，承认某些类型的使成式事体具有向上的适应指向，并且承认这些使成式事体有行为主体作为其命题内容的主语，这就已经承认了根据那个命题内容而采取行动的理由。对此，我将在第六章进一步加以讨论。

一旦你集合了总理由，做出理性决定的第三个要素就是对动机因素和非动机事实的集合进行评估，以此来做出决定。在我看来，决策理论对此给出了非常肤浅的解释，因为它假设我事先有一个安排得井然有序的偏好表，如何登上我的偏好阶梯的最高层级，仅仅是个做出概率估计的问题。但真正的困难就在于偏好表的设定。理性思考的大部分困难在于决定你真正想要什么以及你

真正想做什么。你不能假定需求集在你审慎思考之前就已经安排得井然有序。此外，并非所有动机因素都处于同一水平。[1]

根据经典模型，我们假设目的集在审慎思考之前就已给定。从广义上讲，这些目的全是行为主体所欲求的事物。因而审慎思考最重要的就是选择达到这些目的的手段，即选择满足这些欲望的方式。在大多数解释中，欲望集被认为是一致的。根据我所提出的、与之进行竞争的解释，所有这些都犯有无可救药的错误。126
实践理性中真正困难的部分是首先要弄清楚目的是什么。其中有些是欲望，但有些是令人信服的独立于欲望的行动理由。对于**这些理由**来说，**理由是欲望的基础；欲望不是理由的基础**。也就是说，一旦你承认你有理由做你本来不想做的事情，你就会承认你应该那样做，更不用说，你应该想要那样做。那承认有时会导致你想要那样做，但并非始终如此。

此外，即使你弄明白了你的动机因素，弄明白了你的行动理由，包括依赖于欲望的理由和独立于欲望的理由，这个理由的集合也很少是一致的。你不可能做所有你想做的事，也不可能做所有你应该做的事。所以你必须有某种方法来评估动机因素的相对重要性。但是，即使你能理性地满意地解决这个问题，你仍然无法明确区分目的和手段，因为有些手段涉及其自身的目的，而有些手段则会妨碍其他目的。举个最简单类型的例子，如果你的目

---

〔1〕 有一则关于一位著名决策理论家的逸闻趣事。另一所大学为他提供了一份诱人的工作，这让他心动不已，尽管他对当时就职的大学很忠诚。他去和一位朋友讨论他是否应该接受那份工作。他的朋友向他指出，因为他是一位著名的决策理论家，应该能够运用他的决策理论做出这个决定。这位朋友不知道的是，决策理论多半在最艰难的决定已经做出之后才适用。

的之一是省钱，你会发现实现你其他许多目的的手段都涉及花钱。

我想在接下来的几页中使所有这些内容更加清晰，但现在我要开始举些例子。

四、现实世界中的决定

在一个典型的事例中，比如我现在尽力分配我的时间来写这
127 本书，我就有一系列相互冲突的动机因素与此有关。我有义务完成这本书。但在这之前我还有其他写作义务必须履行。我认为这项工作更为重要，并且我已承诺会在早得有些不合理的日期准备好底稿。我写这本书的义务与我本月到期的另外两篇文章的写作义务相冲突。另一方面，我对这份底稿必须写什么只有一个非常不清楚的观念，而其他一些写作义务看起来会更容易完成。我预期这本书会比文章得到更多的报酬。我还有绝对必须履行的教学和家庭责任。例如，我必须在大学课堂上讲课，并且必须在晚餐时间之前出现在家里。做哲学是令人有满足感的，其他很多事情也是如此，但我无法全部做完。

这就是现实生活中的实践理性的样子。请注意：我无法在义务和欲望之间做出明确区分，也无法在目的和手段之间做出明确区分。就这些义务的绝大多数而言，如果我不想承担这些义务，如果我不想做它们迫使我做的事情，我就不会承担这些义务。我的欲望产生了这些义务。写这本书是目的还是手段？答案是两者

都是，而且从几种不同的方式来看都是如此。但我的行为准则是什么？我难道不应该检查一下它是否可以作为普遍法则吗？再说一次，我可以建立很多不同的准则，有些是可普遍适用的，有些不是，而且这似乎并不重要。在这种情况下，为了成为一个理性的行为主体，我首先必须有一个井然有序的偏好表，然后对哪些做法将最大化我的预期效用进行概率估算，这种观念似乎荒谬得令人难以置信。

但在所有这些表面上的有意混乱中，实际上有一种秩序，而 128
实践理性的目标就是强化和扩大这种秩序。

下面是第一个需要认真考虑的难题：世界上的事实，例如我有一定的维生素水平或我说了某些话，如何能构成理性上令人信服的动机因素呢？不过，在某些描述下，这些事实中有些事实已经是动机因素。因此，说那句话是一个承诺，因而是承担一种义务。那种维生素水平是一种缺陷，因而是一种需要。承认理性可以要求我在这些描述下承认我的缺陷和需要，因而承认它们是动机因素。但这又如何呢？为了履行我的义务或满足我的健康需要，难道我不需要其他某种在先的欲望吗？我之前说过，承认理性原则可以要求将某些外在事实承认为外在动机因素，从而将外在动机因素表征为内在动机因素。但关于承认理性的原则还必须多说几句。我说过这里不会有无限后退，但为什么不会呢？难道我不需要一个动机因素的动机因素吗？这不会导致另一种无限后退吗？

我只能用内在于我心灵的东西来进行推理，这一微不足道的真理与如下断言并不矛盾，这个断言是：对世界上客观事实的承认既可以是理性的要求，又可以为内在动机因素提供外在理性基础。

五、构建总理由：测试经典模型的一个事例

假设一个总理由必须包含这三类要素，那么我们究竟如何构
129 建、评价一个总理由，并根据一个总理由而行动呢？我想考虑一个现实生活中的案例，因为它说明了我所提出的观点与经典模型之间的差异。我相信我即将给出的例子是一个关于非理性的例子，但经典模型无法描述它的非理性。

当我在丹麦讲课时，我有一个学生吸烟很多。我向她指出吸烟对她的健康非常不利。是的，她同意确实如此。接着，我说："那你为什么还要继续吸烟呢？"她说她并不关心自己的健康，她非常乐意自己会比她不吸烟的话更年轻得多就去世，但她现在想吸烟。她现在完全愿意做一些她知道可能会导致她在60岁时去世的事情。我向她指出，当她60岁的时候，她不会甘心在60岁就去世，她会后悔现在吸烟。她同意这是对的，当她60岁的时候，她不会甘心在60岁时就去世，也会后悔在20岁时就吸烟，但现在在20岁时，当她必须做出决定的时候，她很乐意在60岁时去世，而现在正是她必须决定吸烟或不吸烟的时候。

这个例子的有趣之处在于她同意我所指出的全部事实。她同意吸烟很可能会导致她在60岁时就去世，当她接近这个年龄时，她会后悔吸烟，她不愿意那时死于吸烟，但此时此刻尽管如此，

当必须在此时此刻决定是否吸烟时，她要做的理性的事情就是吸烟，因为她此时此刻想要吸烟。也就是说，她不承认这是任何形 130
式的非理性。相反，她坚持认为自己的行为是完全理性的，她现在要做的理性的事情就是吸烟。

按照经典模型，她的行为确实是完全理性的。鉴于她的信念，她的信念和欲望使她通过吸烟达到了她的欲望的最大满足。诚然，她可能有一些后续的欲望不会得到满足，但那些后续的欲望在她现在做出的理性决定中无法发挥任何作用，因为那些后续的欲望现在甚至还不存在。此外，她对那些未来的欲望没有现成的二阶欲望，它们对她来说是一个完全漠不关心的问题。她不会想：“我将来会欲求得到这样那样的东西，所以我欲求现在去欲求它。”预期的未来的欲望对她根本不起任何作用。

根据威廉姆斯的经典模型，我们不得不说她的情况是完全理性的，因为她只根据内在理由而行为，而这内在理由并不包括她对 40 年之后的任何关切。我可能说的任何力劝她戒烟的话都必须诉诸外在理由，即诉诸她目前的动机集之外的东西，因此，根据威廉姆斯的模型，它不能向她的理性提出任何要求。用威廉姆斯的话说，从她**现有的**动机集到继续吸烟的行为，存在一条“合理审慎思考的路径”，但从她现有的动机集到戒烟行动，不存在合理审慎思考的任何路径。根据经典模型，她的情况是完全理性的。

我认为这个事例非常清楚地揭示了经典模型的局限性，因为在这个事例中，某人必须现在做出决定，而这理性的决定需要根 131
据独立于欲望的理由来行动。她的行为究竟为什么是非理性的？

我不认为这是一个难处理的事例。这种非理性源于这样一个事实：现在做出决定的自我正是将在60岁前去世的那个自我。说她现在没有关于未来的欲望的欲望，说她实际上没有关于她未来的欲望，这是不够的。理性地说，问题是她本**应该**有关于她自己的未来的欲望，因为她现在的行为使得她既令自我感到满意，又毁灭了同一个自我。请注意，我并不是说“延迟满足”总是理性的选择。在我看来，显然有些种类的满足现在是值得冒生命危险去实现的。在这种情况下，人们可以构建一个必须权衡当前的满足与未来没有希望之风险的总理由。但这个事例并非如此。这个事例并没在现在吸烟的可欲性和以后死亡的不可欲性之间进行权衡。关键的问题是，根据经典模型，以后死亡的不可欲性根本不在考虑之列，因为它没有被表征为动机集的一部分。

六、什么是行动的理由？[*]

什么是行动的理由？我们最初的这个问题现在已发生改变：正如我们所看到的，行动的理由是任何使成式事体，它是构成总理由集合的要素。所以分析的目标是总理由这个概念。那么什么是总理由呢？

132 一个行动的总理由必须具有以下组成部分。首先，它必须有一个或多个理性的动机因素。什么东西使得一个动机因素是理性

---

* 此节的编号原文为“V”，根据前面的编号，这显然属于笔误，我们将其改为“六”。——译者注

的呢？从形式上讲，人们可以说，一个理性的动机因素必须要么是一种理性的欲望，要么是某种理性的外在动机因素，比如义务、承诺、职责、要求或需要。举例来说，我想吃午餐的欲望和我对维生素的需要是理性的动机因素。但我突然想从桌子上咬下一块的冲动并不是一种理性的动机因素。为了在理性决定中起作用，行为主体必须承认这些动机因素。

其次，在有些情况下，我可以通过实施诸如举起手臂这样的基本行动来满足动机因素，除了这种简单情形外，一个总理由必须包含一组效果因素和构成因素。这些使成式事体必须与动机因素存在某种关系，使得它们要么有效地带来动机因素的满足（这些是效果因素），要么构成动机因素的满足（这些是构成因素）。因此，理性的审慎思考就在于评估动机因素的有效性和动机因素之间的冲突，并评估效果因素和构成因素，以便在满足效果因素和构成因素的过程中使那动机因素的满足最大化，同时使其他动机因素的损耗最小化。用直白的语言来说*，理性地思考要做什么，你必须弄清楚你真正应该做什么，然后你必须弄清楚你如何才能最好地去做，同时又不会阻扰你想做或应该做的其他许多事情。

根据前面的讨论，我们现在可以回到第一节中我们最初的问题，并将其重新表述如下：

理性的行为主体 X 正确地将陈述集 S（S 由单个的陈述 s1、 133
s2、s3 等构成）当作对他或她自己实施类型 A 的行为之有效总理

---

* 原文是“in plain English”，如果我们严格按字面意思翻译，似乎会陷入悖论，因为我们是将其翻译成了中文。——译者注

由的陈述，当且仅当：

（1）S 的每一个元素，即 s1、s2、s3，等等，都为真，并被 X 认作真。

（2）S 所包含的陈述至少陈述了一个理性的动机因素，并且 X 承认这个理性的动机因素是理性的动机因素。正如我们之前所看到的，理性的动机因素可以是外在的，也可以是内在的。例如，它们可以是欲望或义务，但如果义务要内在地起作用，行为主体就必须承认它是义务。

（3）X 认为 S 没有陈述出实施行为 A 的充分因致条件。这就是间隙出现的地方。为了 X 能做理性的决定，他必须假设他有真正的选择。

（4）X 将 S 中的一些陈述当作对动机因素的效果因素的陈述，或者是对动机因素的构成因素的陈述，或者同时是对动机因素的效果因素和构成因素的陈述。

（5）在给定 S 的情况下，考虑到所有的事情，对相互冲突的动机因素的关系以及效果因素和构成因素的各种要求进行理性评估，足以证成选择 A 是一个理性的决定。

到目前为止，这种特征描述纯粹是形式上的。我们还没有说明什么东西使动机因素变得理性，没有说明承认理性如何要求行为主体必须将外在事实认作动机因素，也没有说明我们应该通过什么程序来评估各种动机因素、构成因素和效果因素，以便做出
134 理性决定。我将在后续章节中处理其中一些问题。然而，我现在要提出一个警告：关于理性的理论本身不会给你提供做出理性决定的算法。关于理性的理论不会给你提供做出理性决定的算法，

正如关于真理的理论不会给你提供弄清楚哪些命题为真的算法一样。关于真理的理论告诉你，说“一个命题为真”是什么意思，而关于理性的理论告诉你，说“一个行动是理性的”是什么意思。

第五章　实践理性的重要特征：作为逻辑要求的强利他主义

一、行动的理由

在对理性的研究中，我一直力劝我们应该把注意力集中于作为活动的推理，这个推理活动是真实的自我所从事的活动，而不是把注意力集中于作为一组抽象逻辑属性的理性。如果我们这样做，那么我们似乎会在任何推理活动中发现一堆意向现象和一个自我，这个自我试图组织这堆意向现象以产生作为最终产品的另一种意向状态。在理论理性中，最终产品是对某个命题的相信或接受；在实践理性中，最终产品是某个在先意图或行动中意图。我在第二章中对行动的意向性进行分析的结果是行动具有意向内容。因此，行动可以是推理过程的结果，这一点也不神秘。正如理论理性以对某个命题的相信或接受为结果一样，实践理性以某个行为的在先意图或实际行动为结果，这个实际行动具有行动中意图的意向内容。在这些结果之前通常会形成一个继发欲望，但并非总是如此。比如说，我向外看，得出了要下雨的结论。鉴于 136
我保持干爽的初始欲望和我的其他信念，我形成了带雨伞的继发欲望，形成了带雨伞的在先意图，然后我带着雨伞离开家。最后三步中的每一步，包括行动本身，都具有由先前步骤所激发的意向内容。我听到过人们嘲笑看似古怪的亚里士多德的断言，即行动可以是“实践三段论”的结论。亚里士多德是对的，嘲笑者是错的。

我一直在强调一个意思，即理论理性是实践理性的一个特例：决定接受和拒绝什么信念是决定做什么的特例。尽管理论理性和实践理性都会导向行为主体就是必须行动的间隙，但行动的理由在许多方面不同于相信的理由。相信的理由允许有确定无疑的证明，而行动的理由却不能如此。这是不同适应指向的结果。在本节，我想探讨行动理由的一些重要特征以及它们对实践理性的影响。行动的理由有何特别之处？做某事的理由与相信或接受某事的理由有什么区别？在这两种情况下，我们都有一组意向内容，它们带有向上和向下的适应指向。人们期待向下指向的适应者为真，因此它们对世界上的事态负责。我们有什么样的向上指向的适应者，它们对什么负责？就理论理性而言，答案相对容易。拥有一个信念就等于承诺了它的真理性，所以如果我在我的信念的基础上从事理论理性的工作，我就在对真理做出承诺。承诺具有世界向心灵的或向上的适应指向，对真理的承诺提供了接 137

受真命题的理由。说某件事是真的就意味着你应该相信它。更详细地说明这一点：假设我想知道是否相信 p，假设我确定无疑地证明 p 为真，由于信念涉及对真理的承诺，并且承诺具有向上的适应指向，因此我应该相信(接受、承认或认可)p。

实践理性和理论理性都受到理性的约束，但行动的理由还有别的重要特征。第一，行动的理由具有一种第一人称的地位，而相信的理由则不具备这种地位。相信的理由通常具有所信命题之真理性的证据或证明的形式，并且真理是不带个人色彩的。对任何人而言，真理都是相信的理由。但就行动而言，即使那个理由对任何人而言都是一个理由，行动的理由仍然必须诉诸内在的或第一人称的东西，而相信的理由则并非如此。一旦你证实了真实性，就不会另外有任何关于你是否应该相信它的问题，因为相信 p 为真就已经是相信 p 了。但由于信念的适应指向和意图的适应指向是不同的，就行动的理由而言，这里没有任何东西跟真理类似。在理论理性中，好的理由会让你得到一个信念，这个信念是真的。在实践理性中，好的理由会让你得到一个意图，这个意图是……什么？不存在这样的 x，即意图之于 x，就像真理之于信念一样。每个人都有理由追求自我保存、繁荣兴旺、独立自主以及许多其他令人向往的目标。但这些都不像真理之于信念的关系那样之于行动，因为在每种情况下，那个目标都必须由行为主体
138 的意向内容将其作为独立的目标来表征。就信念而言，真理目标是内置于信念之中的。没有这样的目标被内置于行动的理由、在先意图或行动中意图之中。

第二，行动的理由跟相信的理由不同，它与时间有着特殊的

关系。行动的理由始终是放眼未来的。即便我们是在给出行为主体过去行为的理由，情况也是如此。当前行动的理由始终是某个自我**现在**或**今后**实施某个行动的理由。过去的行动理由是过去的某个自我**当时**或**以后**实施那个行动的理由。

第三点跟前两点有关。行动的理由必须能够激发某个行动。如果给定过去实施某个行动的理由，那么这个理由必须已在那个行动的实施中发挥因果作用，因为它必须已经是那个行为主体的**行动所依据的**理由。如果是未来行动的理由，那么它必须是行为主体**能够根据它而行动**的理由。但这样就等于说，行动的理由要么实际上已经起作用，要么潜在地可以起作用，正如我们所看到的，根据理由而行动的观念就是使那个理由在相应行动的实施中起作用的观念。在上一章，为了证明每个总理由都必须包含至少一个动机因素，我曾提请大家注意理由的动机特征。

什么样的使成式事体可以成为动机因素？经典模型对这个问题给出的答案极其简单：所有动机因素都是欲望，“欲望”一词作广义解释，包括行为主体的目标、目的和意图之类的事物。理性是而且应该是激情的奴隶。最近的一些作者对动机事体清单包括哪些内容含糊其词，他们从总体上谈论“赞成态度”（我相信 139
这个词是由帕特里克·诺威尔-史密斯发明的）[1]和“主观动机集”（威廉姆斯的用语）[2]，但其基本观念是足够清晰的。如果没有某种类似欲望的内在心理状态，推理过程绝不会产生行动。

---

〔1〕 Patrick Nowell-Smith, *Ethics*, London: Penguin Books, 1954, p. 112.

〔2〕 Bernard Williams, “External and Internal Reasons,” 重印于他的 *Moral Luck*, Cambridge: Cambridge University Press, 1981, pp. 101-113。

柯勒的黑猩猩就是范例。没有欲望，它们绝不会开始行动。

为什么经典理论家对这个模型如此有信心？不过，它的简单性很吸引人，并且使其特征在决策理论中能很好地被形式化。但在哲学上也有强有力的理由支持它。首先，现实生活中，这样的事例很多。最简单的情形是，理由仅仅是某种欲望。“你为什么喝水？”因为我口渴。另一种情形是，行为主体相信的某些事实会导致他的欲望得到满足。“你为什么喝水？”因为它可以治愈我的头痛。完整的故事是：我想治愈我的头痛，我相信喝水会治愈我的头痛，所以我想喝水。在这种情况下，喝水的欲望本身就是一个被激发的欲望，它是由另一种欲望以及关于如何满足该欲望的信念所激发的。

在实际审慎思考的结构中，结论必须是某种类似欲望的意向状态，例如继发欲望、在先意图或行动意图，这是经典模型的另一个论点。如果这个状态不是来自先前的欲望，那么这个状态又
140 是理性地从何而来的呢？如果没有欲望或赞同态度作为起点，似乎审慎思考就不可能理性地以欲望或类似欲望的意向状态作为结果。

只有欲望才能激发动机，经典模型的这个断言的明显反对意见是：有很多激发行动的有效理由都不是欲望，比如，义务就是如此。“你为什么喝水？”因为我有义务这样做。我向我的配偶承诺了这样做。

对于所有这些事例，经典理论家给出了同样的答案。比如说，只因为你**欲求**履行你的义务，你的义务才是行动的理由。这个问题正是我和经典模型争论的焦点之一。在我看来，义务是有

效欲望(即激发行动的欲望)的理由，或者至少可以是有效欲望的理由，并非有在先的欲望作为义务有效性的理由来起作用。我将在下一章再次讨论这一点。

如果行动的理由被当作自由行动的理由，那么行为主体就不能将其当作充分的因致条件，这是行动的理由的第四个特征。如果他认为自己完全是被迫的，那么他就不能认为自己是在基于某个理由而自由行动。就人类的行动而言，由于存在间隙，行动的理由可以是一个好的或充分的理由，而无须为那个行动提供因致条件。从行为主体的角度来看，更重要的是，行动的理由不能被视为因果关系上的充分条件。正如我在前面几章所说的，在做决定时，理性概念的适用要以自由选择为前提。实际上，对理性的行为主体来说，自由选择对于理性的适用既是必要的也是充分的。自由选择意味着可以对那个行为进行理性评估，而理性评估意味着自由选择。这种断言似乎有很多反例。“毒品成瘾者无法 141
自控，但仍然能够理性地选择理性的手段来满足他的渴求，而不是用非理性的手段来满足他的渴求，这又怎么理解呢?”但即使是这样的情形，它也支持了这个一般的观点，因为我们心照不宣地假设毒品成瘾者可以选择满足他压倒性欲望的手段。也就是说，就我们认为行为主体做出理性行为这个方面而言，我们假设他在这个方面是在进行自由选择，尽管满足他毒瘾的总体计划对他来说不是自由选择的问题，因而这处在理性的范围之外。间隙既是关于相信什么的推理的特征，也是关于做什么的推理的特征。但正如我已尽力描述的那样，它在关于做什么的推理中发挥着特殊的作用。

因此，概括地说，**理性**（连同证成）和**间隙**这两个普遍性的约束，既适用于相信什么的理由，也适用于做什么的理由，除此之外，行动的理由至少还有另外三个重要特征。行动的理由在特定的意义上是**第一人称的**，行动的理由在本质上是**未来导向的**，行动的理由是**动机性的**，意思是说它们必须能够激发行动。只是用一些大词来说，让我们将这五个特征分别称为**理性**条件、**自由**条件、**主观性**条件、**时间性**条件和**因果性**条件。

为什么所有这些都应该以这种方式结合在一起呢？为什么会有这些联系呢？在某种程度上，我不认为这是个困难的问题。理性是一种生物现象。行动中的理性是这样一种特征，它使大脑足够大、足够复杂的生物体能够具有有意识的自我，能够协调他们
142 的意向内容，从而产生比随机行为、本能反应、向性运动或一时冲动更好的行为。为了获得理性行为的生物优势，动物必须有自己的有意识的动机（**主观性**），其中一些动机必须是放眼未来的（**时间性**），它们必须能够激发身体运动形式的真实行为（**因果性**），而且他们必须以在间隙中运作的自由为前提来做出理性行为（**自由**）。"实践理性"是进行协调的能力的名称。实际上，这些特征在逻辑上并不是独立的：作为前两个特征的主观性和时间性是从作为第三个特征的动机**因果关系**而来的。动机必须是某人的动机（**主观性**），是某人现在或将来（**时间性**）采取行动的动机。

理性与自由的间隙之间的联系是这样的：**理性只适用于有自由选择的地方，因为理性必须能够有所作为**。如果我的行为真的完全是由我的信念和欲望所**因致**的，以至于我真的不得不做，那么我别无选择，理性对我的行为根本没有任何影响。如果我受因

果关系上的充分条件控制，那就没有任何进行审慎思考的空间，我的行为就处在理性评估的范围之外。此外，仅当有其他选择的可能性向行为主体开放时，证成的要求才是有意义的。

二、构建一个理性动物

为了说明实践理性的重要作用和特征，我想提出以下思想实验。设想你正在设计和建造一个机器人，这个机器人将是一个“理性动物”。这个思想实验的目的是要说明人类存在的某些关键 143
特征之间的逻辑关系。不管我们是别的什么，至少从隐喻角度来说，我们都是某种工程的产物。我不相信这个工程是神创论故事的神圣工程，但据我们所知，这个工程反而是进化过程中无意识的、隐喻性的、“似然的”工程。但无论如何，我们都是某套流程的结果，这套流程是由某些种类的设计需求所引导的。鉴于我们是工程产品，即便只是“似然的”工程，理性的存在者是如何被设计的？问这个问题的目的是要让我们明白：为了看到作为你投入之结果的东西能有多少，你需要在你的设计中投入多少东西。作为实际的设计特征，你需要什么？你可以免费得到什么？（顺便说一句，哲学史上的许多问题都包含在这个问题中）因为理性不是一个单独的能力或模块，而是其他认知和意志能力的内在特征，我相信：为了能拥有一台具有理性能力的“机器”，我们会发现我们必须加入大部分的人类心灵能力，尽管不是全部心灵能力。

你必须为你的机器人添加的第一个特征是意识。你必须建造一个具有人类大脑能力的机器人大脑，以引起和维持内在的、质性的、统一的、主观的意识和知觉状态。没有意识，你根本无法进入关于理性的游戏。但被动的知觉意识是不够的。你需要主体性的主动意识。也就是说，你需要建立一个能够有意识地发起行动的存在者。但为了做到这一点，机器人必须有欲望和意图。这
144 是因为它必须能够想做它试图做的事情。因此，至少我们必须拥有一台能够进行感知、行动和拥有欲望的机器。此外，如果这些行动是理性的行动，机器人必须能够进行审慎思考。这个要求比乍看起来更重要。如果没有人类和动物的大量意向性工具，我就不明白机器人如何能够进行审慎思考。首先，必须有以记忆的形式存储信息的能力，而这个记忆能力将成为信念的一个来源。其次，它必须有能力在有意识的思维流中协调具有向下指向的适应者(信念、知觉等)和具有向上指向的适应者(欲望、倾向等)。也就是说，仅仅有知觉、记忆、欲望和意图是不够的；机器人还必须能够让所有这些工具在一连串审慎思考的思维中工作。它必须能够这样思考：因为有如此这般的真实情况，它想要如此这般的结果，所以它应该做这个行为而不是那个行为，尽管它只能无言地思考这些想法。为了让它能够拥有所有这些意向性的工具，它必须拥有我在第二章所说的背景能力，即一套使其能够解读和运用其自身意向状态的前意向性的能力。最后，这个机器人必须让思维流能够以决定和后续的行动作为其结果。

因此，在赋予机器人意识之后，我们还必须给它的添加物是相当实质性的：机器人必须具有有意识的知觉现象、有意识的意

动现象(欲望)和有意识的意愿现象(包括在先意图和行动中意
图),它还必须有使用审慎思考过程涉及的全部工具进行有意识
的审慎思考的能力,这个审慎思考的结果是决定和行动。从我所 145
描述的情况来看,我们已经将关于间隙的经验嵌入机器人中。正
如我在第三章所指出的,因为它具有所有这些特征,所以在我看
来它已经有了一个自我。一旦你有一个能够基于理由而自由行动
的有意识的意向性的存在者,自我就会免费出现。现在立即产生
一个关键问题。一旦机器人具备了所有这些,它就已经具备做出
人类各种各样全部理性决定所必须的机制了吗?还不完全如此。
到目前为止,我们还没有建造出一个类似人的机器人,但有人可
能会说,那是一个人造的黑猩猩。为了得到人类做决定的能力,
我们需要添加其他某些特征。

一旦你同时拥有有意识和无意识的心灵状态和过程,以及向
下指向的适应者(知觉、记忆、信念等)和向上指向的适应者(欲
望、倾向、意图等),你有能力协调最终做出决定的有意识的思
维流中的所有这些,那么毫无疑问,需要嵌入机器人的下一个核
心要素就是语言。准确地说出理性的行为主体需要哪些语言特
征,这是很重要的。为了拥有饥饿和口渴这样的简单意向状态,
动物不需要任何语言;甚至为了做出简单决定,它也不需要语
言;为了从事柯勒的黑猩猩所从事的那种简单的工具性推理,实
际上也不需要语言。但对于完全成熟的理性来说,语言的某些非
常重要的特征是必不可少的。并非人类自然语言的所有特征都是
理性必不可少的。比如说,理性思维过程不需要颜色词、被动语 146
态和定冠词。但完整的人类理性确实需要某些基本的语言手段。

首先，我们的机器人必须有基本的言语行为形式，这个言语行为形式通过语词向世界的适应指向和世界向语词的适应指向将语言和实在联系在一起。它必须有最低限度的能力来表征世界上的事物是怎样的(断言式言语行为)，表征如何努力让他人在世界上行为(指引式言语行为)，以及表征如何承诺自己在世界上的行为(承诺式言语行为)。此外，它必须有能力将所有这些内容传递给其他拥有语言的东西。语言既可以用来思考，也可以用来交谈，但我们对交谈的看法是，我们必须拥有一种公共语言，它使机器人能够与他者进行交流。因为我们正在按照我们自己的形象建造这个机器人，所以可以说，我们将建造出有能力跟我们进行交流的机器人。再者，在我看来，机器人必须有某套表征时间的方式。能规划未来是实践理性的特征，如果机器人要能够规划未来，它就必须能够表征未来及其与现在和过去的关系。它还需要其他什么东西吗？哦，在我看来，它必须有某种清楚表达逻辑关系的方式。它不需要严格地拥有我们的逻辑词汇清单，但它必须有某种标记否定、合取、蕴涵和析取的方式。此外，在我看来，它还需要某套元语言术语来评估在实现适应指向和逻辑融贯性方面的成功和失败，无论这套元语言术语多么少。因此，它需要的某种元语言术语的范围包括了“真”和“假”、“有效”和
147 “无效”、“准确”和“不准确”、“相关”和“不相关”。既然我们已经赋予了它这么多的语言，我们不妨给它一个名字，称为“野兽”。

在构建所有这些表征(包括心理表征和语言表征)工具的过程中，我们必须给予“野兽”必要的工具，以便它将这些表征运用

到具体情境中，并解读它从其他来源接收到的表征。这些运用和解读表征的能力构成了我所说的背景能力。

现在，思想实验的重点是：一旦“野兽”拥有了这么多，它就已经拥有了人类独特的理性思维过程和理性行为特征所必不可少的工具。它拥有的理性形式远远超出了我们在第一章讨论的黑猩猩的理性。确切地说，一旦“野兽”有能力实施言语行为，它就有可能拥有独立于欲望的行动理由，实际上，它不可避免地有独立于欲望的行动理由的需求，因为几乎每一个言语行为都涉及某种形式的**承诺**。著名的例子就是许诺这样的言语行为，说话者承诺实现未来的行为方式，但断言使说话者承诺了所断言的命题的真实性，而命令则使说话者承诺了自己相信被命令的人能够做到所命令之事，承诺了有要求听话者应该那样做的欲望，并承诺允许听话者那样做。简而言之，人们所认为的许诺的独特要素，即承诺或义务，实际上遍及几乎所有言语行为。我能想到的唯一例外是简单的表情式言语行为，比如“哎哟！”“该死！”或“好 148
哇！”甚至它们也让说话者承诺了有某种态度。

我们有一个思想传统，即没有任何一组描述世界上事物是怎样的真陈述能够在逻辑上蕴含关于它们应怎样的陈述。这个传统的奇怪特征在于：正是陈述这个命题的术语驳斥了这个命题。因此，举例来说，说某件事是真的就已经是在说你应该相信它，在其他条件相同的情况下，你不应该否认它。一个有效推理的观念是这样的：如果 q 可以从 p 有效地推论出来*，那么任何断言 p

---

* 这句话的原文是“if p can be validly inferred from q”，但后面的说法会让作者陷入肯定后件式的逻辑错误，因此我们将其改为“if q can be validly inferred from p”，即“如果 q 可以从 p 有效地推论出来”。——译者注

的人都不应该否认 q，任何相信 p 的人都应该承认自己相信 q。

思想实验的要点也可以表述如下：一旦你拥有意识和意向性的工具，有一种足够丰富的语言来实施各种类型的言语行为并表达各种逻辑和时间关系，那么你就已经拥有了理性所必需的工具。理性不是额外的模块或能力。它已经内置到我们所描述的工具之中。此外，比工具理性或目的手段理性更丰富的东西已经内置于我们所描述的工具之中，因为我们得到了独立于欲望的或外在的行动理由的潜能，这实际上是必备条件。

我们已在“野兽”中添加了关于间隙的经验。但我们是否已赋予它真正的自由意志，还是仅仅是自由意志的幻觉？至少有两种不同的可能性。首先，我们可能会欺骗这可怜的“野兽”，通过使其底层机制完全是决定论的来欺骗它。因此它有自由意志的
149 幻觉，因为它经验到间隙，但事实上它的行为完全是用彻底的决定论机制预先编程的。另一种截然不同的可能性是，它在间隙中做出决定的有意识经验与硬件实现中的不确定性因素相匹配，这种不确定性因素通过做决定的意识层面而在时间上向前推移。就实际的人类而言，我会在第九章探讨这两种可能性。

三、“野兽”的利己主义和利他主义

利己主义和利他主义是道德哲学家最喜欢的话题，那么对利己主义和利他主义又如何呢？我们的机器人如何看待它们呢？我们还没有明确地将利己主义或利他主义嵌入“野兽”中。在我们

的思想文化中，我们认为利己主义和自我利益是没有问题的，而认为利他主义和慷慨大方需要特别解释。从某种意义上来说这是正确的，从另一种意义上来说则是错误的。假定“野兽”会更喜欢满足其欲望而不是欲望满足受挫，会更喜欢减轻其痛苦而不是加剧其痛苦。在其他条件相同的情况下，这就是欲望或痛苦所涉及的部分。关心其自身的欲望等，这看起来像是利己主义。但从另一种意义上说，认为利己主义没有问题，这是错误的，因为到目前为止，欲望的满足并没有告诉我们那个欲望的**内容**，而且到目前为止，我们还没有谈到“野兽”中欲望的任何内容。“野兽”很可能认为利他主义的欲望和利己主义的欲望同样自然。就我们所说的而言，“野兽”可能更喜欢别人的繁荣富足而不是自己的繁荣富足。

因此，让我们为“野兽”添加另一个因素。让我们假设我们对它进行编程使其追求我不确切地称为“自我利益”的东西。让 150
我们在我们的“野兽”中嵌入一种偏好，即喜好存活而非灭绝，喜好自我利益而非对自己不利的事物，也就是说，我们假设“野兽”不希望受伤、受损、患病、被剥夺或死亡。一旦“野兽”有了自我和自我利益，如果它也像我们明确要求的那样有了时间观念，那么它就能够谋划自己以后的生存和繁荣。也就是说，如果自我有利益，如果自我随着时间的推移而持续存在，如果自我是使用理性的行为主体，那么对自我而言，现在制订计划以确保其未来的利益，这将是理性的，尽管它现在没有做确保其未来利益所必需的事情的现成欲望。因此，我们现在有两种形式的独立于欲望的或外在的行动理由。粗略地说，这里有承诺，承诺通常是对别人做出的，但也可以对自己做出承诺；还有审慎的理由。

在我们的开明机器人中，理性的自我利益并不是免费的，但除了最低限度的意识、意向性和语言所必需的投入之外，它并不需要什么技术逻辑上的投入。如果“野兽”有需求和自我利益，并且有承认这些需求和利益的能力，它还有一个自我，并承认其自我会在未来持续存在，那么它现在行动的动机会考虑到其未来的利益，这并不需要额外给他添加什么东西。

现在我们面临一个关键问题：“野兽”有任何关心他者利益的理性基础吗？我们已嵌入其中的它的自我利益与我们所忽视的利他主义之间有什么关系？道德哲学家解决这个问题的标准方法是尽力在利己主义之外嵌入利他主义。如果我理解他们的话，对
151 此，至少有三种做法。首先，我们设想我们只是将其作为一项工程任务来做。我们将利他主义植入我们的“野兽”之中，正如我们已经将利己主义植入“野兽”之中一样。这是解读社会生物学家的一种方式。这个观念是这样的：我们在遗传上至少倾向于某些形式的利他主义，并且通过群体选择或亲缘选择之类的东西，我们应该能够解释利他主义的遗传基础。利他主义只是一种自然倾向，在它能够起作用的范围内，它就可以像其他任何内在理由一样起作用。我们的“野兽”就是有留意他人利益的倾向。其次，更有趣的是，托马斯·内格尔[1]曾努力表明审慎的理由和利他的理由之间的形式相似性。考虑他人的利益就像考虑自己未来的利益一样具有理性基础。第三种方式，也是最后一种方式，即

〔1〕 Thomas Nagel, *The Possibility of Altruism*, Princeton: Princeton University Press, 1970.

在康德式传统中做出努力，其中最显著的是克里斯汀·柯斯嘉德[1]从自律中得出利他主义。如果由于我的自律或自由，我必须自己决定自己的行为；如果意志受普遍性的约束，以至于我被理性地要求：我意欲做的每件事，我都能够将其作为普遍法则来意欲；那么，我将被理性地要求在道德领域平等地对待自己和他人，因为我所意欲的普遍法则同样适用于我自己和他人。

这三种处理方式都有其正确的地方，但也有让人不满意的地方。如果我只是感觉到有一种利他主义的倾向，那么就利他主义而言，这就太脆弱了，无法构成实践理性的基础。利他主义倾向没有特别的约束力。人们常常感觉不到这种倾向，并且许多人感 152
觉有相反的倾向，诸如施虐狂、残忍或冷漠的倾向。因此，利他主义只不过是众多倾向中的一种。帮助他人的倾向有何特别之处呢？那么让我们转向内格尔对审慎和利他的类比。在我看来，正确的一点是：一旦我有了意识和自我，并且能够使用语言，我就已经承诺了其他人的意识和自我的存在与我自己的同等重要。确切地怎么讲？我的有意识的自我这种东西，只有当它不同于宇宙中其他事物时，它对我才是有意义的。如果有一个我，那么一定有一个非我。如果宇宙中的非我这种东西包括我在实施言语行为时与之交流的对象，那么宇宙中的一些非我必须被我预设为有意识的行为主体，这主体有像我自己一样的自我。所以我是其他自我中的一个自我。但问题仍然存在，我为什么应该关心他人？关心我的未来的自我和关心别的自我之间确实存在形式上的相似之

[1] Christine Korsgaard, *The Sources of Normativity*, Cambridge: Cambridge University Press, 1996.

处：在这两种情况下，当我做决定时，我都必须关心此时此刻没有出现在我意识中的实体的利益。但这里有巨大的不对称性：在审慎的推理中，我关心的自我就是我。也就是说，做出决定和实施行动的自我与决定和行动的受益者是同一个人。在利他主义的推理中，这种同一性就没有了。我在这里并没企图对内格尔的巧妙论证给出完全公正的评价。我只是提出我在该论证中发现的一个困境，然后进入对得出同一结论的另一个论证的讨论，进而给出我自己的论证。

153 因此让我们转而考察柯斯嘉德关于自律如何产生普遍性以及普遍性如何产生利他性的康德式解释。她的解决办法是对康德观点的解释，其具体步骤如下：康德认为(1)我们必须以我们自己的自由意志为前提来行动。然后他接着说(2)如果自由意志真的是一种意志，它就必须根据法则来做决定。正因如此，所以(3)自由意志必须根据它**自己的**法则来做决定[根据(1)]，结果就是(4)绝对命令是自由意志的法则。[1] 这里可疑的步骤是第二步。为什么运用自由意志做决定时需要某种法则？我自由地决定要做什么，为什么不能就只是这样？当然，为了我自由地做出理性的决定，为什么必须有某种法则，到目前为止还没有给出任何论证。

为了回答这个反对意见，柯斯嘉德用因果关系做了一个类比。她说因果关系有两个组成部分，即使某事发生的观念和法则的观念。我们需要第二个组成部分，即法则，因为一事物使得另

[1] Christine Korsgaard, *Sources of Normativity*, Cambridge: Cambridge University Press, 1996: pp. 221-222.

一事物发生的情形，如果我们不假设它受因果法则的支配，那么我们就无法正确**识别**这样的情形。也就是说，她认为规律性对于因果关系的识别是必需的。然后她断言意志的因果关系与一般的因果关系完全类似。因为如果我要按照自己的自由意志而行动，那么我就是我的行动的原因。但如果是这样的话，那么我就一定能够区分因致行动的**我自己**与在我之内因致我身体运动的某个**欲望**或**冲动**。我必须将我自己视为有别于我的一阶冲动和欲望的东西。但如果是这样的话，为了让这些行为真正成为我的行为，即它们应源自我自己，而不仅是我的一阶欲望的表达，那么我就必须根据某些普遍原则而行动。所以我为我自己创设的法则与因果 154
法则完全类似。如果我们的行为不是根据某些普遍原则而做出的，那么我们就不能将它们视为一个自我的行为。为了使这些行为真正可以说是我自己的行为，结果就是我必须成为一个制定法则的行为主体。实际上，仅仅因为我们将普遍的意志原则强加于我们的决定，这才可以说我们有一个自我。自我就是由这些普遍化的决定构成的。我相信，对于柯斯嘉德来说，关键的一句话如下：“因为如果我**所有的**决定都是特殊的和不规则的，那么**我的行为和在我身体内或通过我的身体而起因致作用的各种各样一阶冲动**之间就不会有任何可识别的差异。于是就没有做出行动的自我，不会有心灵，不会有我。”〔1〕

我相信这种论证是不成立的。实际上，因果关系的基本观念是使某事发生的观念。确实，为了**识别**此类情形，我们必须预设

---

〔1〕 Christine Korsgaard, *Sources of Normativity*, Cambridge: Cambridge University Press, 1996: p. 228.

规律性。但这个要求是一种**知识论**上的要求，而非对因果关系本身之存在的**本体论**要求。想象出现没有实例化任何普遍规律的原因，这并不会自相矛盾。除非实验是可重复的，除非我们可以通过个别事例来检测它是否体现了某种规律性，否则我们可能无法确定这样或那样的事件确实是其他这样或那样的事件的原因。但这只是一个寻求确定性的问题，而不是一件事导致另一件事发生的关系本身是否存在的问题。现实生活中的例子可以清楚地说明因果关系和规律性之间的区别。例如，当我们调查第一次世界大
155 战的原因时，我们试图解释它为什么发生。我们并不是在寻求普遍规律。为了进行调查，我们必须做出至少某种程度的规律性之背景预设，如果没有充分因致条件和可重复实验的可能性，我们可能永远也无法完全确信我们的答案。但规律性的要求是**识别**原因的知识论要求；它不是对一个事件导致另一个事件发生之关系存在本身的本体论要求。

实际上，规律性的要求是对任何适用于现实世界的概念的知识论要求。为了将某物识别为椅子、桌子、高山或树木，我们必须预设其特征或用途的某种规律性。规律性对于将某物体识别为椅子是必不可少的，但我们不应据此就说椅子的概念实际上包含两个组成部分：一个供人们坐的物体和一个规律性原则。我们反而应该说椅子是人们用来坐的物体，像其他一些指称物体、原因等的概念一样，椅子这个概念需要规律性作为背景预设。

如果我们将规律性关系扩展到关于人类的因果关系，我们可以说，从第三人称观点来看，某人的决定是他真正经过深思熟虑做出的决定，而不是他反复无常和异想天开的行为，我要**认出**这

一点确实得有知识论的要求，即它们具有某种秩序和规律性。但这并不意味着，为了成为他的决定，这些决定必须来自他为自己制定的普遍法则。也就是说，我所引用的那段话在基于冲动而做 156
出的行为(被认为是不自由的)和基于普遍法则而做出的行为(被认为是自由)之间做出了错误的二分。但基于冲动而做出的行为可以像基于普遍法则而做出的行为一样自由。柯斯嘉德说，如果一个人的所有行为都是反复无常的，那么不自由的行为和反复无常的行为之间就不会有任何可识别的差异。但如果这一点是真的，它仍然只是一个第三人称的知识论观点。如果我总是基于冲动而行为，别人从外部来看可能无法辨别出我的哪些行为是真正自由的。但从内部来看，从第一人称观点来看，基于冲动而做出的行为与基于清醒的思考而做出的行为一样可以是自由行为。一些非常谨慎的人总是克制自己基于冲动的行为，而自由的灵魂则常常让自己的冲动驱动自己。在这两种情况下，关于间隙的经验可以是一样的。二者都一样或多或少地构成自我，因为在这两种情况下，都需要一个自我来决定做什么。

柯斯嘉德的论证预设(1)为了让自我真正做出决定，它就必须使这些决定是根据普遍原则而做出的；这个预设本身又预设了(2)基于原则而行为在某种程度上构成了自我。这两个预设我都不接受。自由行动并不需要根据自己创设的法则而行为，康德错了。为了成为一个自我，从事自由行动的自我并不需要普遍原则。相反，正如我在第三章所论证的那样，间隙中的前后一致的行为和反复无常的行为都需要一个**预先存在**的自我。简而言之，为了使我的行为成为自由的行为，由我自己自由选择的行为，根

157 本就不需要它们必须体现普遍原则这个逻辑要求。我的行为可以完全是反复无常的，但仍然是自由的行为。

这里不是尝试对柯斯嘉德强有力的哲学论证做出全面诊断的地方，但极其简单地说，我认为她错误的根源在于她想要一个间隙填塞物。她想要自我成为自由行动的原因。如果你接受这个要求，那么根据某些自然假设，其余的事情就会随之而来。步骤如下：(1)自由行动是由自我所因致的；(2)但自我在因致自由行动的过程中必须实例化某个法则，而它能够实例化的唯一法则是自我所创设的；(3)在创设法则中自我将其自身创造为一个自我。

我拒绝所有这些。如果我们所说的"原因"意味着"充分的因致条件"，那么自由行动不是由任何事物所因致的。这就使得它们是自由的。更准确地说：一个行为在心理层面之所以自由，是因为它在心理层面不具备在先的充分因致条件(见第三章的论证)。自我实施行动，但它并不因致该行动。没有任何东西来填塞那个间隙。

四、语言的普遍性和强利他主义

好了，让我们总结一下我们现在所处的位置。我们试图回答如下问题：鉴于"野兽"已经被编程为其自身利益的关注者，那么它在逻辑上是否需要关注其他人的利益和需求？"利他主义者"和"利己主义者"这两个词在没有什么明确定义的情况下就被很多人随意讨论，因此为了下面的讨论，让我们对它们下定义。从某种意义上说，利己主义者是只关心自己利益的人，利他主义者是关心他人利益的人。但这个定义遮蔽了一个关键的区别。利他 158
主义者可能是自然倾向于关心他人利益的人，但对这样的利他主义者来说，利他行为只是基于众多倾向中的一种倾向来行为。比如说，他喜欢帮助别人，就像他喜欢喝啤酒一样。让我们将这种利他性称作弱意义上的“利他”。但是我们正在尝试弄清楚另一种更强意义上的“利他”。从这个意义上说，利他主义者是这样的人：即使在他没有这种自然倾向的情况下，他也承认他人的利益是其行动的一个有效理由。问题是，是否存在具有理性约束力的、利他的、**独立于欲望的**行动理由呢？强意义上的利他主义者是这样的人，他承认存在具有理性约束力的、独立于欲望的理由让他为他人的利益而行动。内格尔和康德-柯斯嘉德都给出了论证来支持这种强意义上的利他主义的理性要求。社会生物学家只回答弱意义的利他主义问题。我不接受内格尔和康德-柯斯嘉德的论证。但我认为他们的结论是正确的，而且我认为，康德-柯斯嘉德承认这个问题是一个关于普遍性的问题，这也是正确的。假设“野兽”和我们自己都有做出利己主义行为的理由，那么是否存在一个普遍性要求：将这些理由扩展到其他人，正如这些理由对我们的行为的约束一样？我认为有这样的普遍性要求。

支持强利他主义所需的普遍性已经嵌入语言结构之中。这究竟是如何做到的呢？让我们一步步地来看看语言是如何引入理性所要求的普遍性形式的。我和我的狗都能看到一个人在门口，也就是说，我们都能有我用“看到一个人在门口”这样的话所描述的视觉经验。但如果我用语言**说**我看到一个人在门口，我就承诺 159

了一种语义上的绝对命令，而这种绝对命令在狗那里是没有任何类似之物的，这是一个巨大的差别。当我说“那是一个人”时，我就做出了承诺：任何在相关方面与之完全相似的东西也可以正确地描述为“一个人”。用康德式的术语来说就是：断言受到语义绝对命令的约束，因而你断言你可以意欲你的断言所遵循的准则作为对所有说话者具有约束力的普遍法则。这个准则是由被断言的命题的真值条件所提供的。就这个例子而言，即具有这些特征的对象满足“人”的真值条件。

当你做出“a 是 F”这种形式的断言时，理性要求你能够意欲处于类似情况的每个人都应断言“a 是 F”。也就是说，因为谓词是普遍性的，所以它的应用要求任何使用者都要承认它的普遍性。用康德式的表述来说，任何语言使用者都必须能够意欲适用于相关类似情况的普遍法则。[1]

此外，与康德的绝对命令有些不同，但语义绝对命令实际上满足了康德的条件，即当不真诚或不诚实的人试图意欲他的准则成为普遍法则时，他会陷入某种自相矛盾。因此，假设我撒谎说“那是一个人”，那我就不能意欲它成为一个普遍法则，即不能意欲处于类似情况的每个人都应说“那是一个人”，因为如果他们
160 这样做了，“人”这个词将不再具有它应有的含义。也就是说，一方面，我意欲我的话是个谎言；另一方面，根据语义绝对命

[1] 当然，无论对我来说，还是对康德来说，意欲成为普遍法则的能力都不要求行为主体认为：如果每个人都像他那样行为，那将是一件好事。这根本不是问题的关键。如果每个跟我处于相同处境中的人都说“那是一个人”，这至少是无聊和令人厌烦的。这个绝对命令的重点在逻辑；我意欲那个行动的准则成为对所有说话者都具有约束力的普遍法则，这在逻辑上并不荒谬。

令，我意欲那个语义内容普遍适用，将这两方面的意志结合在一起，我就不可能做到逻辑上的一致。

不用康德式的工具来表达这个意思，我们可以说，说话者 S 做出“a 是 F”这种形式的任何断言都让 S 承诺了一个普遍的概括：对于任何 x 而言，如果 x 在相关方面与 a 的类型相同，则 x 可被正确地描述为“F”。我们在这里讨论的不是命题之间的蕴含关系，而是说话者在实施言语行为时承诺了什么。

此外，普遍性要求也适用于其他人。因为如果我承诺我所承认的类似情况也是关于人的情况，那么我在公共语言中的承诺就要求我认为其他人也应该承认这种情况和类似情况是关于人的情况。也就是说，普遍性内置于语言本身的结构之中，实际上，当涉及语言的运用时，我们似乎无论在哪里都能从“是”得到“应该”。从一个对象真正被描述为“人”这一事实，可以推断出你应该相信相关相似的对象也是人，而其他人也应该相信这是个人，其他相关类似的对象也是人。没有这些承诺就不可能使用语言。我用一个听起来很宏大的术语来表达了这一点，但它只是语言和言语行为之本质的一个微不足道的结果。

我们将普遍性引入强利他主义形式的行动理由中的方式，就只是注意到：适用于“人”“狗”“树木”和“高山”之类的谓词的普遍性要求，也适用于“有行动的理由”和其他类似的动机因素。对此，我将用一个例子来说明。假设我有疼痛，我想方设法减轻我的疼痛。我想方设法减轻我的疼痛和我的狗通过舔伤口来减轻它的疼痛是有区别的。区别何在？对了，至少是这样：仅 161
仅是用“疼痛”这样的词来描述它，我就可以把我的疼痛归入某些普遍性概括。也就是说，我们在讨论“人”这个词时发现的特征同样适用于“痛苦”这个词。如果我断言“这是一种疼痛”，我就承诺了这样的主张：“对于所有的 x 而言，如果 x 在相关方面与此相似，那么 x 就是一种疼痛。”

鉴于有关我自身利益的某些常识性假设，语言的普遍性会产生强利他性。我将先以直观的形式来表述这个意思，然后以语义的形式重新表述它。如果我感到疼痛，我就有理由想要减轻疼痛，这个假定在直觉上似乎是合理的。我感受到这种程度的疼痛，也就感受到了减轻它的需要。我的减轻疼痛的需要对我来说是做出减轻我疼痛的事情的一个理由，并且我甚至相信：只要有能力和机会，其他人就有理由帮助我减轻疼痛。但我承诺相信，在相同的情况下，换做是别人，我也一定会承认我有理由帮助他们，如果没有这样的承诺，我就不能相信他们有理由帮助我。我想要他们帮助我，这是理性的，因为我现在需要帮助。但同样地，当他们需要帮助时，我承诺承认他们的需要的存在是我帮助他们的理由。

语言的普遍性发挥作用，产生强利他主义的方式如下：

(1) 我感到疼痛，所以我说“我感到疼痛”。因为我说“我感到疼痛”，所以我根据普遍性要求承认在类似的情况下你也会感到疼痛。因为“疼痛”是语言中的通用词，所以其真值条件无
162 差别地适用于你和我。我承诺将开放式句子“x 感到疼痛”应用于任何完全满足这些条件的对象。

(2) 我的疼痛创设了一种需要。因为我感到疼痛，所以我需要帮助。我承认我的疼痛和我的需要。因此我说，“我需要帮助，

因为我感到疼痛”。不过请注意，这不应被理解为请求帮助。这不是一个间接言语行为；确切地说，这是我对我自己所做的陈述。相同的普遍性要求再用一次。我现在承诺承认，在类似的情况下，交换一下主体，如果是你感到疼痛，那么你会需要帮助。我承诺：“x 需要帮助，因为 x 感到疼痛”这个开放式句子适用于任何相同类型的情况。

(3) 我感到疼痛并且需要帮助，我相信我需要帮助是你帮助我的理由。因此，假设我说：“因为我感到疼痛并且需要帮助，所以你有帮助我的理由。”同样的普遍性要求有效。对于任何在相关方面与此类型相同的情况，我都有普遍性的承诺：

> 对于所有 x 和所有 y，如果 x 感到疼痛，而且 x 因为感到疼痛而需要帮助，那么 y 就有帮助 x 的理由。

但这让我承认，当你感到疼痛时，我有帮助你的理由。请注意，我们在这里谈论的是说话者在实施言语行为时的承诺。此时此刻，我们关心的不是命题的真值或命题之间的蕴含关系；确切地说，我们关心的是，当说话者做出这种形式的断言时，他或她承诺了什么。

目前讨论的要点是，一旦我们按照我所描述的方式对“野兽”进行了编程，也就是说，除了基本的心灵能力外，我们赋予 163
它间隙、自我利益和语言，那么我们就已经为它的强利他性提供了充分的逻辑基础。还请注意，我们不需要负担很重的形而上学职责。本体世界或康德式的绝对命令也是不必要的。这个论证所要求的只是我们、其他人和“野兽”都能说英语或其他语言，并且我们能够做出关于自我利益的合理断言。比如说，我们断言，我们的需要有时是别人帮助我们的理由。

但为什么我们不能阻挡这个论证，例如，通过说我的情况很特殊来阻挡它。我应该得到别人没有的特殊待遇。人们总是可以提出这样的要求，但这样做超出了索引词的语义范围。“我”“你”“他”等索引词的语义中没有任何东西会阻挡“疼痛”“需要”“理性”等语词之真值条件的共同特征。我在这里并不是试图消除诡辩或奸诈的可能性。世界历史上充满了民众、部落、阶级、国家等，他们通过声称享有特殊权益来进行欺骗，而我所说的任何话都无法阻止这些人的欺骗行为。确切地说，我的观点是，使我们从利己主义到达强利他主义的普遍性约束已经内置于语言的普遍性中。我们必须假设的只是“野兽”对于它与其他有意识的存在者的关系有一些合理的自利态度，并且它已准备好用语言陈述这些态度。一旦“野兽”或任何人准备好说“你有理由帮助我，因为我感到疼痛并且需要帮助”，那么在相同类型的情况下，这就承诺了将全称量词应用于开放句“y 有帮助 x 的理由，因为 x 感到疼痛并且需要帮助”，因为通用词的用法使说话者承
164 诺将这些术语应用于与开始的情况具有相同普遍特征的情况。语言就其本质而言具有普遍性。

如果有人抵制这一结论，我认为这种抵制来自我们文化中另一个普遍的错误，即语言不可能有那么重要，因为它只是话语。仅仅说出些话语怎么能让我承诺什么事情呢？三十多年前，当我证明如何从“是”推导出“应该”[1] 时，我也遇到了同样的抵

[1] John R. Searle, “How to Derive ‘Ought’ from ‘Is,’ ” *Philosophical Review*, 73, January 1964, pp. 43-58.

制。许多评论者觉得，仅仅是我说出些话语这一事实不能让我承诺任何事情。这必须牵涉另外一些道德原则，或者必须有对语言制度的某种认可，或者有其他的东西！

我将在下一章更多地讨论这些问题，但目前而言，我们可以说问题不是要看说出话语如何让我做出承诺，而是要看**不同于**说出话语的什么东西如何让我做出承诺。对行动方式做出承诺的典范形式就是实施言语行为。

五、结论

我在本章主要有三个目标。我试图描述行动理由的一些重要特征；我试图描述作为自我的行为主体具备理性能力所必需的特征；我试图从语言的普遍性以及关于自我利益的常识性假设中推导出强利他主义的原则。

这些论证和前面几章关于理性经典模型的论证有什么可能的 165
后果呢？我们可能说，经典模型是为极其聪明的黑猩猩设计的。它没有处理人类理性的某些重要特征，尤其是没有处理语言制度使之成为可能的那些重要特征，实际上它们也是语言制度所必需的一些重要特征。经典模型完全不能解释遍布于理性决定的某些特征，到目前为止，我已经讨论了三种解释这些特征的方式。

(1)经典模型无法解释长远的审慎推理，因为审慎考虑并没有表征在相关自我的当前动机集之中。丹麦的那个吸烟者的例子就是用来说明这一点的。

(2)经典模型无法解释承认理性，即有意识的自我承认独立于欲望的动机因素为行动提供了理由。黑猩猩大概可以承认危险的直接来源或食物这样的可欲对象，但黑猩猩无法通过这种方式承认诸如义务、承诺和长远需求之类的使成式事体。

(3)经典模型无法解释语言的普遍性可能引发的后果。鉴于这种普遍性，再加上自我接受各种理由的某些自然假设，强利他主义就随之而来。

在下一章中，我们将转向：

(4)自我有意识的意向性行动对独立于欲望的理由的有意创设。

第六章　我们如何创设独立于欲望的行动理由

一、承诺的基本结构

人类理性最显著的一项能力，以及同黑猩猩的理性最不同的一个方面，就是创设独立于欲望的行动理由并据此而行动。这种理由的创设始终是行为主体以各种方式做出**承诺**的问题。经典模型既不能解释这种理由的存在，也不能解释这种理由的理性约束力，实际上，经典模型传统中的大多数著作的作者都否认有任何这种理由存在。我们已经看到，长远的审慎思考对于经典模型来说已经是一个难题，因为根据该模型，行为主体只能基于他此时此刻的欲望而采取理性的行动。我们在丹麦的那个吸烟者的案例中看到，行为主体此时此刻缺乏基于长远的审慎考虑而行动的欲

望，但仍然有理由这样做，这可以是理性的要求。经典模型无法解释这一事实。根据经典模型，为了挽救战友的生命而扑向引燃
168 的手榴弹的士兵，从理性上讲，这与挑选冰淇淋口味时选择巧克力而非香草的孩子，处于完全相同的境地。士兵更偏好死亡，孩子更偏好巧克力口味。在每种情况下，理性都只是一个增加在偏好阶梯上到达更高梯级的概率的问题。

然而，我不希望这些英雄事例让人觉得创设独立于欲望的行动理由并据此而行动似乎有些奇怪或不寻常。在我看来，每当我们开口讲话时，我们几乎都会创设独立于欲望的行动理由。在本章，我们将研究一大类我们创设这种理由的事例。在一开始就准确地说明问题之所在，这是很重要的。在“需要”“欲望”这两个词的某种非常广泛的意义上说，每一个意向性行动都是一种实施那个行动的需要或欲望的表达或显现。当然，当我去牙医那里钻牙时，我并没有一种冲动、热望、激情、追求、向往、渴望或倾向要去钻牙；尽管如此，那就是我当时想要做的事。我想要钻牙。这种欲望是被激发的欲望或继发欲望。它是被我想要镶牙的欲望所激发的。现在，由于每一个意向性行动都是欲望的表达，那么问题来了：这些欲望从何而来？根据经典模型，只能有两种可能性：要么那个行动是我为了其本身而欲求实施的行动，要么那个行动是我为了我所拥有的其他欲望而实施的行动。我喝这种啤酒，要么是因为我想要喝啤酒，要么是为了满足其他欲望，比如我相信这对我的健康有益，并且我欲求增进我的健康。没有其他的可能性。因此，理性完全是满足欲望的问题。

169 说每一个理性行动的实施都是为了满足某种欲望，这听起来

有点粗俗，因此，看到经典传统的理论家在描述理性行动的动机时如此费力，是很有趣的。他们究竟如何描述理性行动的动机？伯纳德·威廉姆斯认为不可能有任何外部理由，并且每一个理性行为都必须诉诸行为主体动机集 S 中的某些东西，他对 S 的内容有这样的说法：

> 我主要是从欲望的角度来讨论了 S，从形式上讲，这个术语可以用于 S 中的所有元素。但是，这个术语可能会让人忘记，S 还可能包含诸如评价倾向、情绪反应模式、个人忠诚之类的东西以及各种计划(可以抽象地称为计划)，这些计划体现了*行为主体的承诺*。(斜体形式是我加的)[1]

戴维森对“赞同态度”的描述也存在类似的分叉。以下是他所说的。“因此，每当某人出于某种理由做某事时，他就可以被描述为(a)对某种行动抱有某种赞同态度，以及(b)相信(或知道、感知到、注意到、记得)他的行为就是那种。”[2] 关于他所说的赞同态度集，他列出了如下内容：它是行为主体“想要、欲求、重视、珍惜、认作*应尽职责*、认作有益、认作*义务*或同意”[3] 的东西(斜体形式是我加的)。同威廉姆斯的清单一样，这份清单的问题在于它模糊了依赖于欲望的行动理由和独立于欲

---

[1] Bernard Williams, "Internal and External Reasons", in *Moral Luck*, Cambridge: Cambridge University Press, 1981, p. 105.

[2] Dondald Davidson, "Actions, Reasons, and Causes", 重印于 A. White(ed.), *The Philosophy of Action*, Oxford: Oxford University Press, 1968, p. 79。

[3] Dondald Davidson, "Actions, Reasons, and Causes", 重印于 A. White(ed.), *The Philosophy of Action*, Oxford: Oxford University Press, 1968, p. 79。

170 望的行动理由之间的区别。它模糊了你**想要**做的事情和你**必须**做的事情(无论你是否**想要**做)之间的区别。想要或欲求某事物是一回事，而将其视为跟你的欲望无关而必须去做的“义务”“承诺”则完全是另一回事。为什么威廉姆斯和戴维森不告诉我们什么是承诺或义务？“从形式上”讲，它们只是另一种欲望吗？

我认为这两位作者在此似乎感到很艰难的原因是他们想要将显然存在的独立于欲望的行动理由理解成欲望。他们这样做的方式是暗示人们：如果我们对那包含欲望的集合做足够宽泛地解释，那么人们的承诺、义务等实际上是跟欲望相同的集合的成员。我认为这模糊了我试图在欲望和独立于欲望的行动理由之间做出的关键区分。为什么会有这样的区分呢？当然，人们可能**想要**履行自己的义务并信守承诺。是的，但这与人们想要巧克力冰淇淋是不同的。我想要巧克力口味，我想要信守承诺。这二者的区别何在？**就想要信守承诺而言，欲望源于对独立于欲望的理由的承认，即源于对义务的承认。理由先于欲望，也是欲望的基础。就想要巧克力的情形而言，欲望就是理由。**

本章讨论的焦点是独立于欲望的行动理由的存在、本质、创设和功能。我需要对独立于欲望的行动理由做出解释，这个解释要满足如下的适切性条件：

(1)这个解释必须完全是自然主义的。也就是说，它必须表明，对于跟我们类似的生物野兽来说，这些理由的创设和功能是

171 如何可能的。我们与黑猩猩不同，但我们的能力是其他灵长类动物能力的自然扩展。这解释决不能诉诸任何先验的、非生物的、本体的或超自然的东西。我们只是在谈论像我们这样的流汗生物

“野兽”的某些能力。

(2)我需要具体说明使我们能够为行动创设独立于欲望的理由的工具。

(3)我需要解释一下，在这些工具范围内，人们是如何做的，他们是如何创设出这样的理由的。我需要准确地陈述意向性的逻辑结构，这结构是创设独立于欲望的行动理由的基础。

(4)我需要解释仅凭理性如何使这些理由对行为主体具有约束力。行为主体必须考虑他的承诺和义务，这是出于什么样的理性的理由？他为什么不能直接忽视他的承诺和义务呢？

(5)我需要解释对这些理由的理性承认如何足以激发动机：如果这些东西本身是独立于欲望的，它们如何能够成为继发欲望的理性基础。

(6)我需要解释用来满足条件(1)至(5)的工具和意向性如何足以创设和使用这些理由，而不需要普遍原则、道德规则等的帮助。也就是说，(1)至(5)的答案必须解释独立于欲望的行动理由是如何被创设的，必须解释它们在没有实质性道德原则帮助的情况下是如何发挥作用的。可以说，独立于欲望的理由必须是自足的。

任何熟悉西方哲学史的人都会认为我给自己设定了一项艰巨的任务。我见过评论家将这种企图描述为想要从帽子里变出兔子 172
来。但我认为，事实上，如果我们能够忘记经典模型和它所体现的整个传统，那么我们的问题的答案虽然在细节上很复杂，其基本结构却相当简单。

然而，我们在恰当的层面上给出解释，这还是很重要的，因为那些问题可以在不同的层面上给出解答。在“现象学”层面上，当行为主体从事理性的社会承诺行为时，我们描述事物对他来说是怎样的；在社会的或“关于社会的”层面上，我们讨论用来创设这种独立于欲望的行动理由的社会制度，我们解释这种制度是如何构造的，解释它们在更大的社会中发挥怎样的功能。

稍后我会谈到这些层面，但我想从最简单、最基本的意向性层面开始讨论。可以说，意向性层面是在现象学和社会学这种分子层面之前的原子层面。在后面几节，我将更详细地说明承诺、真诚和不真诚，以及人类制度的独特作用。但在一开始，弄清楚人类承诺最简单、最原始的形式是很重要的。创设承诺所涉及的意向现象的满足条件是什么？让我们假设有一个说话者和一个听话者，他们都能够说和理解某种共同语言。我们假设他们都掌握了做出陈述的制度、提出请求的制度、做出承诺的制度，等等。例如，在最简单的言语行为中，说话者做出断言、提出请求或做
173 出承诺，他将满足条件赋予满足条件。具体怎么做呢？让我们仔细看一下做出断言的例子，看看我们会发现什么。比如，假设说话者说出一个句子“正在下雨”，并假设他打算断言正在下雨。他的部分行动中意图就是说出这样一句话：“正在下雨。”说出这句话是他的意图得到满足的条件之一。但如果他不只是说出这个句子而已，而是真的**说**正在下雨，如果他的意思是真的正在下雨，那么他必须想要这句话满足其真值条件，即正在下雨这个具有向下适应指向的满足条件。也就是说，他的意义意图是将满足条件（即真值条件）赋予满足条件（说的那话）之上。他说的话现在具有地位功能，无论其真假，它表征天气状况。他对于真或假并

不是中立的，因为他的断言是对真相的断言。**赋予这种地位功能，将满足条件赋予满足条件，就已经是一种承诺**。为什么呢？因为这个断言是说话者自由的意向性行动。他做出正在下雨的断言，他因此立刻就对所断言的命题的真理性做出了承诺。当他有意地以断言的方式将满足条件赋予于满足条件时，他就对这些条件的满足承担责任。**这种承诺已经是一种独立于欲望的行动理由**。例如，说话者现在已经创设了一个理由来接受他的断言的逻辑结果，不否认他所说的话，能够为他所说的话提供证据或辩护，并且他说那话时他是真诚地在说。所有这些都是做出断言的构成性规则的结果，并且说话者将满足条件赋予于满足条件时，他会援用这些规则。承诺的创设就创设了独立于欲望的行动理 174
由，并且承诺已经内置于言语行为结构中。在做出断言时，说话者表征了一个具有向下适应指向的命题。但在这样做的过程中，他创设了一种承诺，这种承诺具有向上的适应指向。他的“正在下雨”的断言可能为真，也可能为假，其真假取决于是否真的在下雨。但仅当世界真的如他所说的那样，即仅当正在下雨时，他做出的承诺才会得到满足。

到目前为止，我们仅仅考虑了断言，但事实上，所有具有完整命题内容的言语行为的标准形式都涉及独立于欲望的行动理由的创设，因为满足条件的意向性赋予以各种方式让说话者做出了承诺或承担了义务。即使是请求和命令，尽管其命题内容所描述的满足条件是加给听话者的，而不是加给说话者的，但仍然以各种方式让说话者做出了承诺。比如说，如果我命令你离开房间，我承诺允许你离开房间并承诺想要你离开房间。

那么什么是承诺呢？回答这个问题的方法是看看承诺的逻辑结构。承诺是满足我们实施行动的条件的使成式事体。承诺具有命题内容和向上的适应指向。因此，如果我承诺下周去圣何塞，其命题内容就是“我下周去圣何塞”，并且其适应指向是向上的。只有当世界发生了符合承诺内容的变化，只有当我真去了圣何塞，承诺才得到满足。在不试图给出“充分必要条件”的情况
175 下，人们可以这样说：承诺就是采纳某种做法或看法(或采纳其他意向内容，比如说，一个人可以对信念或欲望做出承诺)，其本质是给人们提供实现相应做法或看法的理由。因此，举例来说，我承诺做哲学。这个承诺让我有理由去实施它，即使是在事情进展不顺利的艰难日子里。同样，一个人可能会对天主教信仰或民主党有承诺。当莎莉说吉米不愿“承诺”时，她的意思是他不愿采纳某项计划，这个计划给他提供了坚持某个行为或态度的理由。这种理由是独立于欲望的，尽管这一点被我所描述的各种承诺掩盖了，因为我所描述这些承诺无论如何可能是人们对其想要做的事情的承诺。在本章，我们将主要关注一种特殊形式的承诺，即一个人通过将满足条件赋予满足条件来对另一个人做出承诺。

一旦我们明白了承诺的逻辑结构，就更容易理解我们如何能在实施言语行为的过程中创设承诺。并非所有承诺都是通过实施言语行为来创设的。例如，一个人可能仅仅通过采取坚定的意愿持续实施某个做法而对自己做出承诺，但现在我正在考虑的一类承诺是通常直接对他人而公开创设的承诺。我们也可以通过将满足条件赋予其他事体来为自己创设这样的承诺。跟承诺式言语行

为相比，我们更难看出这对断言式言语行为是如何发挥作用的，因为，就断言而言，我们将具有向下适应指向的满足条件赋予说
出的话语，即我们做出关于真相的陈 176
述时，我们也在对**我们自己**做出承诺。做出一个断言，我们就对其真实性、真诚性和证据**负有责任**。这种责任，就像一般的承诺一样，具有向上的适应指向。仅当说出的话语为真，说话者是真诚的，并且说话者有证据支持那个断言，这些责任才能得到满足。

但为什么这种承诺、义务和责任对行为主体具有约束力呢？理性地说，他为什么不能直接忽视它们呢？为什么它们不同于其他一些社会构造物呢？因为说话者与他自己的断言有着特殊的关系，其原因是他将它们创设为自己的承诺。他自由地、有意地通过承担自己的承诺来约束自己。他可以对别人做出的断言的真实性漠不关心，因为他并没有对他自己做出承诺。他不能对他自己做出的断言的真实性漠不关心，因为这是他自己的承诺。

但这样一个抽象的、独立于欲望的承诺究竟怎么可能产生继发欲望呢？它究竟怎么能激发人的行为动机呢？好吧，问问你自己，证据、证明甚至真理本身如何能激发人相信他不想相信的事情呢？比如说，许多人不想相信哥德尔定理，因为它毁了他们的研究项目。但一旦他们承认那个证明的有效性，从理性上讲，他们就别无选择了。承认那个证明的有效性就已经承认接受它的理由，并且承认接受它的理由也就已经承认想要接受它的理由。这个例子以及我们将要考虑的其他例子的教训是，独立于欲望的理由就像其他任何理由一样会激发人的行为。一旦你承认某种东西

177 是行动的有效理由，即一旦你作为行为主体承认某个具有向上适应指向的使成式事体，你就已经承认它是你想做你所承诺做的事情的根据。我说真话的欲望或信守诺言的欲望，源于这样的事实：我承认我正在做出陈述或许诺，陈述和诺言创设承诺和义务，并且我需要履行我的诺言和义务，就像如同钻牙的例子一样，我想要钻牙的欲望源于我承认它需要镶嵌，这又源自我关心自己的健康需要的欲望。

人们倾向于认为依赖于欲望的理由激发继发欲望的方式是没有问题的。但是，依赖于欲望的理由激发继发欲望的方式，既不比独立于欲望的理由激发继发欲望的方式更加令人困惑，也不会更加没有那么令人困惑。我承认我想镶牙的欲望是我钻牙的理由，因此也是我想要钻牙的理由。我还承认，我欠你钱的事实是还钱的理由，因此也是我想要还钱的理由。在每种情况下，我作为主体对具有向上适应指向的有效使成式事体的承认都是实施某个行动的理由，因此也是想要实施这个行动的理由。

独立于欲望的理由如何起到激发作用，要明白这里没有什么特别的问题，其困难部分地源自我们传统中的一种倾向，即我们的传统认为动机必须是因果关系上的充分条件的问题。我们假定对动机的任何解释都必须表明相应行动是如何成为必须的，必须表明行为主体如果确实有合适的理由，他怎么**必须**实施相应的行
178 动，这个假定是我们的传统的一个缺点。这个错误源于不承认有间隙。我可能承认我有钻牙的需要，正如我可能承认我的义务一样，但可能仍然不会基于任何一个理由而采取行动。因此，在解释独立于欲望的行动理由的激发力时，我们并不是试图表明它们

是通过充分条件来引起行动的。它们不是这样的。其他任何理性的行动理由也都不是这样的。

弄清楚第三人称观点和第一人称观点之间的关系，这是理解动机的关键一步。从第三人称观点来看，每个社会都有一套制度结构，而该社会的成员在他们其他成员的眼中都以不同方式受到这些制度结构中道义结构的约束。他们作为丈夫、妻子、公民、纳税人等受到约束。但到目前为止，这样说还没有涉及关于第一人称观点的任何东西。作为一个有意识的自我，我为什么至少要关心别人认为我肯定会做什么或有义务做什么？从第一人称观点来看，答案是，我在这些制度性结构中行动，可以自愿地、有意地为自己创设独立于欲望的理由。制度性结构使我能够做到这一点，但关键在于：我如此创设的义务、承诺和其他动机因素并非来自制度，而是来自我有意地、自愿地承担这些义务、承诺和职责。正因这个事实，作为一个有意识的行为主体，对这些动机因素的承认可以是对我的理性要求。这在承诺的情况下是显而易见的，在陈述的情况下同样如此，尽管不太明显。既然我说了“我承诺”这句话，我就不能说：“是的，我这么说了，但我不明白这为什么构成了一个承诺”；一旦我做出了承诺，我就不能说： 179
“是的，我做出了那承诺，但我不明白为什么这就让我承担了义务。”同样，如果我说：“正在下雨”，我就不能说：“是的，我这么说了，但我不明白为什么这就构成了做出一个陈述”，而且一旦我做出了陈述，我就不能说：“是的，我做出了一个陈述，但我不明白为什么这就是对其真理性做出了某种承诺。”

到目前为止，我已经相当快速地概述了我将在本章提出的主要论证。到目前为止，我只在最根本的原子层面上讨论了它们。稍后我们将进入更高的层次，我将更详细地重新表述关于独立于欲望的理由如何激发行动的论证。让我们看看到目前为止我对那些主张的解释是如何满足我们的适切性条件的。

(1)解释完全是自然主义的。我们的能力是更原始的动物能力的扩展，尤其是灵长类动物能力的扩展。类人猿具有意向性能力，但它们不具备二阶的意向性能力，即它们不具备将满足条件赋予满足条件的能力。他们没有能力通过将满足条件赋予满足条件来对“正在下雨”这个命题的真理性做出承诺。此外，他们没有社会性地创设出制度，凭借制度，我们能够以我们这个物种中其他成员可识别的方式来做这些事情，从而使我们能够将这些承诺传达给我们物种中的其他成员。

(2)我们用来创设独立于欲望的行动理由的工具是一套言语
180 行为的构成性规则以及这些规则在实际人类语言的语义结构中的实现。任何足以让说话者做出断言、命令或承诺的语言都可以完成这项工作。在现实生活中，说话者和听话者通常会涉及其他制度结构，比如货币、财产、民族国家和婚姻制度。语言结构和非语言结构都很复杂。但它们并不神秘，我在其他地方详细描述过它们。[1]

(3)通过将满足条件赋予满足条件，你可以创设出独立于欲望的行动理由。所有这些赋予都是承诺，所有这些承诺都为行动

〔1〕 John R. Searle, *Speech Acts*: *An Essay in the Philosophy of Language*, Cambridge: Cambridge University Press, 1969; *Expression and Meaning*, Cambridge: Cambridge University Press, 1979; *Intentionality*, Cambridge: Cambridge University Press, 1983; and *The Construction of Social Reality*, New York: Basic Books, 1995.

创设了独立于欲望的理由。当满足条件涉及说话者时，如在发誓或承诺的情况下，并且命题内容指明了说话者的某种自愿行动，那么那些满足条件的赋予就是对独立于欲望的行动理由的明确创设。就断言而言，对行动的承诺仅仅是隐含式的，但它仍然是一种承诺。对话语赋予满足条件就等于让说话者做出承诺。

(4)你做出的承诺对你具有约束力，因为它们是**你的**承诺。也就是说，因为你自由地、有意地做出了断言，并因此让你自己
承诺了它的真理性，所以从理性上讲，你不能说你对其真理性、 181
真诚性、一致性、证据或蕴涵关系漠不关心。有承认理性就足够了。你仅仅是必须承认你自己创设的承诺及其逻辑后果。

(5)这些理由之所以能够起激发作用，是因为你将它们创设为动机因素。也就是说，你创设了一个具有命题内容的使成式事体，它具有向上的适应指向，它对你具有约束力。通过运用你的意志，将满足条件赋予于满足条件，面对这些条件，你在未来会约束你的意志。当我们考虑承诺时，这一点会变得更加显而易见，但几乎所有言语行为都包含承诺的因素。很长一段时间以来，哲学家试图把承诺看作一种断言。但把断言看作对某事为真的一种承诺，这会更准确。

(6)请注意，我已经陈述了满足条件(1)至(5)的答案，但没有提及任何实质性的外在原则。“你应该说实话”“你不应该说谎”或“你的断言应该前后一致”，诸如此类的原则是断言概念**本身所具有的**原则。为了有相关的承诺，你不需要任何外在的道德原则。对真理的承诺是内置于断言的意向性结构之中的。

二、动机与适应指向

到此为止，我已经概略地解释了一个人如何能创设出承诺以及承诺如何能激发行动的问题。在本节，我想给这个解释添加更
182 多详细内容。坦率地说，在我看来，到目前为止的解释不是很有争议，甚至不太令人兴奋。但我不得不说，它面临着巨大的阻力。为什么呢？很大一部分阻力来自我们独特的哲学传统，根据这种传统，任何这样的解释都是不可能的。根据这一传统，事实与价值之间、“是”与“应该”之间必须严格区分。关于价值在事实世界中的地位以及规范性在这样一个世界中的来源，这一传统生产出了不计其数的著作。同样的传统包含了对所谓“伦理”和“道德”的不健康的痴迷，作者很少对行动的理由真正感兴趣，并且过于急切地想进入他们最喜欢的伦理主题。他们认为事实是没有问题的，而价值则需要解释。但如果你从像我们这样汗流的生物野兽的角度来思考问题，就会发现规范性几乎无处不在。世界确实是由在很大程度上独立于我们的事实组成的，但是一旦你开始表征这些事实，无论这表征的适应指向是向上或向下，你就已经有了规范，并且这些规范对行为主体具有约束力。所有意向性都具有规范结构。如果某个动物有信念，那么这信念就必须受真理规范、理性规范和一致性规范的约束。如果某个动物有意图，那么这些意图就可能成功，也可能失败。如果某个动物有知觉，那么在提供有关世界的准确信息上这些知觉要么成

功，要么失败。这动物不可能对真理、成功和准确性漠不关心，因为相关的意向状态正是这动物的状态。如果**你**有某个信念，我可能对你的信念的真假漠不关心，但如果**我**有某个信念，我就不能同样地漠不关心，因为这是我的信念，而关于真理的规范性要
求是内置于信念之中的。从这动物的角度来看，规范性是无法逃 183
避的。仅仅是对“是”的表征就将“应该”赋予了这动物。

人类动物的特殊之处不在于规范性，而在于人类通过使用语言创设出一系列**公开的**承诺的能力。人类通常通过实施公开的言语行为来做到这一点，在实施这言语行为时，说话者有意将满足条件赋予满足条件。这些言语行为之所以可能，是因为制度性结构的存在，说话者用这些制度性结构来实施有意义的言语行为，并将其传达给其他说话者或听者。利用这个工具，说话者可以在将满足条件赋予满足条件时做出承诺。确实无法避免做出承诺。断言的言语行为是对真理的承诺，许诺的言语行为是对未来行动的承诺。两者都源于说话者将满足条件赋予满足条件的事实。言语行为使说话者承诺了第二组满足条件。就断言来说，说话者承诺了断言的真理性；就许诺而言，他承诺了实施他所承诺实施的行为。

一旦创设出动机，对它的承认就会为行动提供内在理由。弄清楚这一点很重要。接受任何外在动机因素，无论多么疯狂，都可以为行为主体提供行动的内在理由。如果我非理性地坚信我的书桌后面藏着一只老虎，那么我就接受了危险的存在，我因此就有了采取行动的理由，无论我的理由多么荒谬。然而，关于独立
于欲望的行动理由，问题的关键在于，一旦行为主体有意且自由 184

地创设出相关理由，那接受这些理由就被合理地要求作为承认理性的问题。

考虑一下我之前讨论过的例子，即我做出“正在下雨”的陈述。每当我做出陈述时，我就有理由说实话。为什么呢？因为陈述确实对所表达的命题的真理性做出了承诺。做出陈述和承诺其真理性之间没有任何间隙存在。也就是说，言语行为不存在两个独立的特征，即先是做出陈述，然后是承诺其真理性；仅仅是做出陈述，这**本身**就是对真理性的承诺。假设你问我：“外面的天气怎么样？”我说：“正在下雨。”我**由此**对“正在下雨”这个命题的真理性做出了承诺。在我撒谎的情况下，我对真理的承诺最为明显。如果我实际上并不相信正在下雨，但我撒谎说“正在下雨”，那么我的话语作为谎言对我来说是可理解的，恰好因为我明白这话语使我对一个我并不相信其为真的命题之真理性做出了承诺。谎言之所以能够成功地成为谎言，恰好因为你认为我是在做出陈述，因此我对我所表达的命题的真理性做出了承诺。对于出错也可以提出类似的看法。假设我没有说谎，而是真的搞错了。我真诚地说正在下雨，但确实没有下雨。在这种情况下，我的言语行为仍然出了问题，即它是错误的。但为什么这是错误的呢？毕竟，每一个真命题都有一个假命题。它是错误的，因为一个陈述的目标是说它是真的，而这个陈述失败了，因为它为假。
185 当我做出一个陈述时，我就对其真理性做出了承诺，在此我的错误使我未能兑现承诺。

经典模型无法解释这些简单的事实。经典模型被迫说存在两种独立的现象，即做出陈述的制度以及在这制度之外的原则，一个人应该尽力说出真相的原则。当做出陈述时，我有什么理由必须尽力说出真相呢？经典理论家被迫说：**仅仅因为做出一个陈述，我完全没有任何理由说出真相**。我能拥有的唯一理由可能是，我觉得如果我撒谎，就可能有不好的后果，或者我持有一个道德原则，这原则在逻辑上独立于做出陈述，其大意为没说出真相是不对的，或者我只是感到有说出真相的倾向，或者有其他一些外在于做出陈述这事儿的理由。根据经典模型，所有这些理由都独立于做出陈述本身的性质。相反，我主张：如果不解释对真理的承诺是做出陈述的**内在**要素，就无法解释陈述是什么。

但为什么对真理的承诺是做出陈述的内在要素呢？为什么我们没有另外一种做出陈述的制度，在这种制度中，我们做出陈述但不承诺其真理性？承诺有什么了不起呢？是的，从某种意义上说，你可以在没有正常承诺的情况下实施言语行为。这就是小说作品中发生的情况。在小说作品中，没有人要求作者对他在文本中所说的话的真实性负责。我们将这样的情形理解为更加根本的形式的派生形式，它寄生在更加根本的形式之上，在更加根本的形式中承诺是对实际话语的真理性条件的承诺。因而重复一下那个问题，为什么呢？答案来自意义本身的本质。当我说“正在下 186
雨”时，我对“正在下雨”这个断言的真理性做出了承诺，其原因是，在说出“正在下雨”的话语时，我已有意地将满足条件赋予了这话语。假设我不只是在练习我的发音，或者排练戏剧，或者背诵一首诗，当我严肃地断言正在下雨时，我就对这个命题的真理性做出了承诺，因为我有意将“正在下雨”这一满足条件赋予了我的行动中意图的满足条件，这行动中意图应生产出“正在下雨”这样的声音，此时我就已经将对其真理性的承诺赋予了那话语。再说一遍，我之所以能够以大众容易理解的方式做到这一点，是因为我是人类语言制度和言语行为制度的参与者。

现在，我想把其中的一些经验应用到更为传统意义上的实践理性中。在实践理性的很多情况下，人们现在为将来实施某一行为创设理由。我相信，理解自愿的理性行动如何为未来的行动创设出理由的唯一方法是近距离观察问题。因此，让我们考虑一下日常生活中发生的各种情况。假设我走进一家酒吧并点了一杯啤酒。假设我喝了啤酒，到了付啤酒钱的时候了。现在的问题是，我故意让我的行为把我置于为啤酒买单的义务之下，假定这完全是事实，为了有为啤酒买单的理由，我是否还必须有一个独立于这一事实的理由，比如为啤酒买单的欲望，或者我的动机集中的其他适当因素？也就是说，为了知道我是否有为啤酒买单的理
187 由，我是否首先必须仔细查看我的动机集，看看是否有任何为啤酒买单的欲望，或者看看我是否持有任何要为我喝过的啤酒买单的一般原则？在我看来，答案是我没有这样的欲望或原则。在这种情况下，通过点啤酒并在它被端来时喝掉它，我就已经有意地为买单创设出了承诺或义务，而这样的承诺和义务就是一种理由。

经典模型无法解释如此显而易见的情形，这是其荒谬之处。与讲真话的情况一样，经典模型的捍卫者被迫说，只有当我能够在我的“动机集”中找到相关的欲望时，我才有为啤酒买单的理由。与此相反，我想说的是，在这种情况下，我只是点啤酒和喝啤酒，就已经为自己创设了为啤酒买单的理由。

使我能够创设出这样的理由的情形究竟具有什么样的形式特征呢？行为主体 A 有独立于欲望的理由在未来实施行为 X，这个主张的真值条件究竟是什么？他的什么事实使他真的有这样的理由？不过，足以让他有这样的理由的一种事实是：行为主体 A 为自己在未来实施行为 X 创设了一个独立于欲望的理由。所以我们现在的问题可以归结为：人们如何进行这样的创设？我已把这个问题作为一个关于满足条件的逻辑问题来进行了回答，但现在让我们“从现象学的层面”来考虑它。当行为主体 A 点啤酒时，在他看来是什么样的？那好，如果我是行为主体，在我看来是这样的：我现在正在实施一个行为，就在这个行为中，我力图让那个人给我拿一杯啤酒，前提是我明白：如果他给我端来啤酒，我就有义务为这啤酒买单。但如果这就是我的意图，那么通过实施这
个行为，如果那个人给我送来啤酒，我就已经使得我现在负有一 188
项义务成为事实，因此我有一个理由，即我未来实施某个行为的理由，我现在创设的这个理由会独立于我未来的其他欲望。在这种情况下，某个行为为我创设出一个理由的充分条件是我有意让它为我创设出一个理由。

我创设义务的形式程序与我在做出陈述的情况下创设承诺的形式程序完全类似。然而，在这种情况下，我把满足条件赋予我的话语，这满足条件具有向上的适应指向。我承担了做某事的义务。这一点很难看出，因为我在话语中没有明说这样做。我只是说，“给我来杯啤酒”，并且这话语的满足条件具有向上的适应指向，即听话者应给我送来啤酒。但是，对这种情况的总体理解是，我给自己、给自己未来的行为赋予了满足条件，这一点我们

在考虑承诺时会有机会详细探讨。我已经以附条件的义务形式赋予了我自己这些。义务具有向上的适应指向，或者说义务具有世界向义务的适应指向。只有当世界发生改变时，义务才会得到满足或履行，世界发生改变通常是以负有义务的人实施行为的方式而发生改变，以便跟义务的内容相匹配。因此，义务是一种外在的动机因素。它们的存在在认识论上通常是客观的，尽管它们在本体论上是主观的，因为它们总是由人类创设出来的，并且仅仅相对于人类的态度而存在。正如我们反复看到的那样，本体论上的主观性并不意味着知识论上的主观性。尽管义务的创设和存在是相对于观察者的，但我负有某项义务，这完全可以是一个事实问题。

189 正如我所描述的，预设行为主体的自由对于这种情况是至关重要的。从第一人称观点来看，通过自由地为自己创设出某个理由，我就已经展现出一种欲望，即什么东西成为我的一个理由的欲望。我已经通过现在自由地运用我的意志来束缚我未来的意志。最后，所有这些问题的答案都是平淡无奇的。为什么它是一个理由呢？因为我把它创设为一个理由。为什么它是**我的**一个理由呢？因为我已自由地把它创设为我的一个理由。

在第一章和第三章对间隙的讨论中，我们发现所有有效的理由都是行为主体所创设的。但为未来的行动创设出独立于欲望的理由的独特之处在于，我现在运用有效的理由为我未来的行为创设出一个潜在的有效理由。哲学传统的问题恰恰出在前后颠倒。问题不是“我怎么会有独立于欲望的理由？”；问题反而是“对我来说，任何不是我创设的理由，包括独立于欲望的理由，怎么可能成为我的理由呢?”。在自愿行动的实施中，原因和这行动的实施之间存在着间隙，当我确实实施这行动时，这个间隙就被跨越了；在这种情况下，这行动的实施本身就是对某个后续行动之理由的创设。

就动机而言，在我所描述的这些例子中，**理由可以是欲望的基础，而不是相反**。在日常语言中*，对这个例子的正确描述是："我想要买单，因为我已承诺为它买单”。理由、理性和欲望之间
的联系如下：承认某种东西是有约束力的义务，这就已经承认某 190
种东西在本体论上是外在动机因素，即它是具有向上适应指向的事体。承认这种事体的有效性就已经承认它是行动的理由。承认某种东西是行动的理由，就已经承认这种东西是想要实施那行动的理由。

三、康德对动机问题的解决

康德在《道德形而上学原理》[1]中面临的问题与我正在讨论的问题在形式上是相似的。我的问题是，如果每个行动都表达了实施这行动的欲望，那么独立于欲望的理由如何能真正激发行动呢？康德以这样的形式表述他的问题："纯粹理性如何能是实践的?”对此，他解释道，问题是为什么我们会对绝对命令感**兴趣**。

---

* 此处的原文是“In ordinary English”，我们没严格按照字面来翻译，否则会陷入悖谬，因为我们使用的是中文。——译者注

〔1〕 Immanuel Kant, *Groundwork of the Metaphysic of Morals*, New York: Harper Torchbooks, 1964.

兴趣是理性由之而成为实践理性的凭借，也就是说，兴趣是决定行动意志的原因。在我看来，康德对这个问题的回答是不适当的。他是这样说的：“为了使被感觉作用着的有理性的东西通过理性所获得的东西，也成为应该愿望的东西，在这里确实需要理性有一种能力，在责任的肩负中注入快乐和满足的感觉。所以，理性一定要有一种因果性，去规定感性使之与它自己的原则相符
191 合。”[1] 所以，在康德看来，纯粹理性必须因致快乐的感受，只是因为这种快乐的感受，我们才真正能够按照纯粹理性的指令行为。康德承认，我们完全无法理解纯粹理性究竟如何能因致这种快乐的感受，因为我们只能发现经验对象之间的因果关系，而纯粹理性并不是经验对象。

我认为这是一个糟糕的论证。康德断言我们不能基于独立于欲望的行动理由采取行动，除非我们这样做能以某种方式获得“快乐的感受”。我认为康德未能理解适应指向。也就是说，我认为我们可以实施许多没有“快乐的感受”的行为，只要我们承认我们有这样做的有效理由。当我钻牙时，我不是必须要有一种“快乐的感受”，就像我在履行承诺时不是必须要有一种快乐的感受一样。我可能会从钻牙和履行我的承诺中得到某种满足，但从逻辑上讲，我为了钻牙和履行承诺，并不是必然要有这样的感受。**根据我所提出的观点，承认理由的有效性就足以激发行动。**你不需要有任何额外的快乐、欲望或满足。实施特定行动的动机

---

[1] Immanuel Kant, *Groundwork of the Metaphysic of Morals*, New York: Harper Torchbooks, 1964: p. 128.（这段译文来自如下中文译本。[德]康德：《道德形而上学原理》，苗力田译，上海人民出版社 1986 年版，第 116 页。——译者注）

正是想要实施这行动的动机。

无论对于康德的论证，还是本书的论证，这都是绝对关键的
一点，其实对于经典模型的争论，大体上说，这也是绝对关键的
一点。虽然康德以各种方式攻击了经典模型，但也接受了它最糟
糕的一个特征。康德假设，除非我此时此刻能获得实施某个行动
的“快乐感受”，否则我此时此刻无法有意地、自愿地实施这行 192
动。如果每一个行动的实施实际上都是为了满足某种欲望，并且
如果每一个行动本身就是实施这个行动的欲望的表达，那么在任
何行动的实施中都必须存在某种欲望的满足。但这是一堆混乱的
观念，我打算现在就清理它们。首先让我们考虑一下为了满足欲
望而行动的情形。我钻牙是为了满足我镶牙的愿望。我钻牙是因
为我当时想要钻牙。但这并不意味着我的意向性行动需要任何意
义上的“快乐感受”。镶牙的初始欲望可以激发我想钻牙的继发
欲望，这转而又能激发相应的行动。但是，我从拥有一颗修复好
的牙齿中获得的快乐或满足不会延伸到钻牙的活动中，也不需要
延伸到钻牙的活动中。在这个例子中，我有一个依赖于欲望的理
由来欲求做某事，但是依赖于欲望的理由支撑继发欲望的方式与
独立于欲望的理由支撑继发欲望的方式完全相同。我信守承诺的
欲望源于独立于欲望的事实：我已经做出承诺，因而我负有一项
义务。但是，为了有意识地实施信守承诺的行动，我并没有必要
从信守承诺中获得快乐的感觉，就像为了满足我镶牙的初始欲望
我没有必要从钻牙中获得快乐的感觉一样。在经典传统中大多数
作者那里只是隐性存在的一个错误，康德的错误却将其完全暴露
出来了。如果每一个行动都是实施这行动的欲望的表达，而每一

193 个成功的行动都会导致欲望的满足，那么唯一能激发行动的东西似乎就是欲望的满足，即一种快乐的感受。但这是一个谬论。每一个行动实际上都是实施这个行动的欲望的表达，从这一事实并不能推断出，每一个行动的实施都是为了满足欲望这个**目的**，也不能推断出，只有快乐的感受意义上的欲望的满足才能激发行动。

四、作为特例的承诺

对这些问题的讨论通常会花很多时间在承诺上，但我在这里试图强调的是，行为主体创设独立于欲望的理由的现象是普遍存在的。没有它，你就无法开始理解社会生活，而承诺只是一种特殊而纯粹的情形。然而，关于承诺的争论史是发人深省的，如果我解释一下信守承诺的义务并揭露一些普遍的错误，我将能够更好地解释我要论证的观点。问题是：我们有什么理由信守承诺？对此，显而易见的答案是：根据定义，承诺是对义务的创设；根据定义，义务是行动的理由。随之而来的问题是：信守承诺的义务的**来源**是什么？

经典模型无法解释这样一个事实：信守承诺的义务是内在于承诺行为的，正如说真话的承诺是内在于做出陈述之行为的一样。也就是说，根据定义，承诺就是承担做某事的义务。传统被迫否认这一事实，但为了否认这一事实，经典模型的捍卫者们通
194 常被迫说出一些奇怪的东西，说出些我认为错误的东西。在本节

中，我会简要列出我所遇到的一些最常见错误。

有三种常见的主张，但我认为它们是错误的，我们可以快速地加以处理。第一个是假定存在某种信守承诺的特殊**道德**义务。相反，如果你想一想，你就会发现，在严格意义上理解的承诺和道德之间并没有什么特殊的联系。比如，如果我承诺来参加你的聚会，这就是一项社会义务。这是否也是一项道德义务取决于具体情况的性质，但对于我去参加的大多数聚会而言，这不是一项道德义务。我们经常在涉及某些重大道德问题时做出承诺，但承诺本身没有任何东西蕴含着：任何承诺都涉及道德问题。在承诺本身的做法中，没有任何东西保证每项信守承诺的义务都会重大到足以被视为道德义务。对于道德上微不足道的问题，人们可能会做出承诺。

第二个相关的错误假定是，如果你承诺做坏事，根本就没有信守承诺的义务。但这显然是错误的。描述这种情形的正确方式是说，你确实有信守承诺的义务，但它被承诺的行为的邪恶本性所否决。这一点可用求同求异法来证明：承诺做某事的人和没有承诺做某事的人之间是有差异的。做出承诺的人有没做出承诺的人所没有的理由。[1]

第三个错误在于假定信守承诺的义务仅仅是与实际义务相对 195
的显见义务，我认为它是这三个错误中最严重的一个。大卫·罗斯爵士提出这一观点[2]是要处理这样一个事实：义务通常会发生

---

〔1〕 在法律上，从事非法行为的合同被视为无效，不能在法庭上执行。这不是因为没有合同，而是因为法律规定使得合同无效。

〔2〕 W. D. Ross, *The Right and the Good*, Oxford: Oxford University Press, 1930, p. 28.

冲突，而且你常常无法履行全部义务。罗斯说，当义务 A 优先于义务 B 时，B 只是显见义务，而不是实实在在的义务。我在其他地方已经详细论证过[1]，这种观点是令人困惑的，我不会在这里重复这些论证，只是说，当 B 被一些更重要的义务否决时，这并不表明 B 不是一个完全的义务，无条件的义务，等等。如果本来就没有什么可否决的真实的东西，你就无法否决它。“显见的”是一个知识论上的语句的修饰语，而不是义务类型的谓词，并且不可能是描述义务冲突现象(其中一个义务被另一个义务否决)的合适术语。“显见义务”理论比糟糕的哲学更糟糕，因为它是糟糕的语法。

我认为以下是关于信守承诺义务最常见的严重错误，它们都以不同的方式源自对经典模型的接受。

错误一：信守承诺的义务是审慎义务。信守承诺的理由是：如果我不信守承诺，将来我再做出承诺就不会被信任。

196 众所周知，休谟就持有这种观点。但它遭遇到了一个决定性的、同样著名的反对意见：根据审慎义务的看法，如果没有活着的人知道我的承诺，我就没有任何义务遵守它。根据这种观点，儿子私下向临死的父亲做出的临终承诺根本不会涉及任何义务，因为儿子不需要告诉任何人他的承诺。

而且，为什么我以后会不被信任呢？只是因为我承担了义务而没有履行。未能履行义务作为不被信任的根据，这与仅仅是期

[1] John R. Searle, “Prima Facie Obligations”, in Zak van Straaten (ed.), *Philosophical Subjects: Essays Presented to P. F. Strawson*, Oxford: Oxford University Press, 1980, pp. 238-260.

望落空的事实完全不同。例如，康德的散步非常有规律，以至于他的邻居都能根据他的出现来调整时钟。但是，如果他没能在固定的时间散步，他可能会让人失望，但他不会像一个背弃义务的人那样让人产生不信任。在做出承诺的情况下，不被信任不仅来自期望的落空，还来自承诺人做出承诺这个事实。

错误二：信守承诺的义务源于对道德原则的接受，大意是一个人应该信守承诺。如果不接受这一原则，除了或许有信守承诺的审慎理由而外，行为主体就没有信守承诺的理由。

这里的错误与我们在做出陈述时承诺其真理性的情形中所发现的错误相同。经典模型试图将履行承诺的义务置于承诺行为之外，但这样就无法解释什么是承诺，正如如果试图将陈述与对陈述之真理性的承诺之间的关系看作纯粹的外在关系，就
无法解释什么是陈述一样。也就是说，对这一反对意见的决定性 197
回答是指出，承诺与义务之间的关系是内在关系。根据定义，承诺是承担义务的行为。如果不从承担义务来说，就不可能解释什么是承诺。

正如我们在关于做出陈述的例子中所看到的那样，对真理的承诺在故意撒谎的人身上体现得最为明显，在做出承诺的例子中，我们也可以看到在做出虚假承诺的人身上义务和承诺行为的内在关系体现得最为明显。假定我做出了一个虚假的承诺，一个我不打算履行的承诺。在这种情况下，我的欺骗行为对我来说完全是可以理解的，并且后来可能会被受诺人视为欺骗行为，这正因为人们的理解是，我做出承诺，我就是在约束自己去做我所承诺的事情，即承担一项去做我所承诺的事情的义务。当我做出承

诺时，我并不是在冒险去猜测或预测将来会发生什么事情，而是在约束自己将来要做什么事情的意志。**我的虚假承诺对我来说是可以理解的，我在承诺中承担了一项义务，但没有履行这项义务的任何意图。**

错误三（这是错误二的更复杂的变体）：如果义务确实是内在于承诺的，那么信守承诺的义务就必须源自做承诺的制度。某人做出某个承诺的事实是一个制度性事实，任何义务都必须源自这个制度。但又有什么东西能阻止任何制度都具有相同的地位呢？奴隶制度和承诺一样是制度。因此，如果承诺创设独立于欲望的
198 理由的观点是正确的，那么奴隶与承诺人一样有义务，这是荒谬的。也就是说，关于承诺独立于欲望的观点会导致荒谬的结果，因此必然是错误的。正确看待问题的方式是看到制度确实是义务的基础，但这只是因为我们独立于制度地接受了一个人应该信守承诺的原则。除非你认可相应的制度，或以某种方式支持它，或对它做出积极评价，否则就没有承诺的义务。我们通常从小就被教育要信守承诺，因此会对这个制度抱有好感，却没有注意到我们对这制度的认可才是相应义务的根本来源。作为制度，承诺和奴隶制度是完全一致的；就我们目前的讨论而言，唯一的区别是我们碰巧认为一个是好的制度，另一个是坏的制度。但义务并不是内在于承诺行为的，而是来自我们对承诺行为的外部态度。创设承诺义务的唯一方式是我们接受“汝不可食言”的原则。

下面的反对理由囊括了经典模型在这个问题上的观点。对经典模型在这个问题上的观点最简单的回答如下：**信守承诺的义务并不来自做承诺的制度**。当我做出承诺时，承诺制度只是一个媒

介，即我用来创设理由的工具。信守承诺的义务源于这样一个事实，即在做承诺时，我自由地、自愿地为自己创设了一个理由。意志的自由行使可以约束意志，这是一个逻辑问题，与“制度”或“道德态度”或“评价性话语”无关。为什么除了审慎的理由 199
外，奴隶没有任何理由服从奴隶主，其原因就在于此。他没有通过行使他的自由来约束自己的意志。外在地来看，奴隶可能与合同工一模一样。他们甚至可能得到同样的报酬。内在地来看，情况却截然不同。合同工为自己创设了奴隶没有创设的理由。承诺的义务源自承诺的制度，这种看法就像“我说英语时承担的义务必须源自英语的制度”的看法一样错误，后一种看法意味着，除非我认为英语在某种程度上是个好东西，否则我说英语时没有任何义务。在经典模型中，信守承诺的义务始终是承诺本身之外的东西。如果我有信守诺言的义务，那只能是因为我认为(a)承诺的制度是个好东西，或者(b)我持有一个道德原则，其大意是一个人应该信守自己的承诺。对这两种观点有一个简单的反驳：它们的结果是，如果没有这两个条件中的任何一个，就根本不存在信守承诺的义务。因此，某人不认为承诺制度是个好东西，或者不持有“一个人应该信守自己的诺言”的原则，他就没有任何理由去信守某个承诺。我相信这是荒谬的，我在本书的不同地方都指出了它的荒谬性。

错误四：“承诺”“义务”，等等，所有这些词语实际上有两种含义，即描述性含义和评价性含义。在描述性含义上，当我们使用这些词语时，我们只是报告事实，实际上并不赞同任何行动的理由。当我们在评价性含义上使用它们时，它们所涉及的不仅 200

是对事实的陈述，因为在这样的情况下我们必须做出某种道德判断，而这种道德判断本身永远无法从事实中推导出来。因此，在整个讨论中确实存在一个系统性的歧义。这个歧义存在于词语的描述性意义和评价性意义之间。

我将简短地给出错误四的正确解答。这些词语没有这样的两种含义，就像“狗”“猫”“房屋”或“树木”没有两种含义一样。当然，人们始终是可以以一种不涉及正常承诺的方式使用词语。我可以不说“那是一栋房屋”，而是说“那就是他们所说的‘房屋’”，在这种情况下，我没有以某种方式承诺它是否真的是一栋房屋(尽管我确实对有些人这样叫它做出了承诺)。因而，与此类似，如果我说“他做出了承诺”或“他承担了一项义务”，我可以在“承诺”和“义务”这两个词两边加上引号，从而去掉这些词语的字面意义所带有的承诺。但这种可能性并不表明这些词语有两种含义，或者它们的字面用法存在某种歧义。“承诺”的字面意义就是做出承诺的人因此承担了一项做某事的义务。试图为这些词语假定额外的含义是对这些问题的回避。

五、解释的普遍化：独立于欲望的理由的社会作用

到目前为止，我在本章已经尽力描述了我所谓独立于欲望的
201 行动理由之创设的原子结构，并且我已经讨论了断言和承诺的一些重要特征，其重点是对哲学传统的批判。我还简要讨论了独立于欲望的行动理由的“现象学层面”，即一个人的行动是基于这

样的理解：一个人的行动将为自己未来做某事创设理由。现在，我想尝试在比原子结构更高的层面上对独立于欲望的理由在广泛社会生活中的作用进行更加全面的描述。除其他之外，我想解释为什么拥有语言并在制度结构内活动的自由的、理性的自我对独立于欲望的理由的创设是普遍存在的。当你结婚、在酒吧点啤酒、买房子、报名参加大学课程或预约牙医时，就创设出了独立于欲望的行动理由。在这种情况下，你会借用某种制度结构，为自己创设出在未来做某事的理由，无论你将来是否想要做那件事。在这种情况下，它是你的理由，因为你自愿将其创设为你的理由。

对理由在实践理性中的作用的全面解释至少需要理解以下五个特征：(1)自由；(2)时间性；(3)自我及其他所具有的第一人称观点；(4)语言和其他制度性结构；(5)理性。让我们依序考虑它们每一个。

1. 自由

我已经论证过，理性和对自由的预设具有相同的范围。它们
不是同一个东西，但当且仅当行动是自由的，行动才是可理性地 202
评估的。联系的理由是这样的：理性必须能够起作用。只有在各种理性和非理性的做法之间进行真正的选择时，理性才是可能的。如果行为是完全确定的，那么理性就不能起作用。它甚至不会开始活动。按照经典模型，一个人的行为完全是由信念和欲望所因致的，真的如此的话，那他的行为就是强制性的，完全超出了理性的范围。但是，如果一个人能够自由地**基于**相同的这些信念和欲望**而行动**，并自由地将它们作为**有效的**理由，那么他就是

在理性的范围内行动。行动自由、间隙和理性的适用具有相同的范围。

自由地行动，我可以通过将满足条件赋予满意的条件，创设出某个理由，这理由是我将来做某事的理由，它与到时间我是否想要那样做无关。现在约束意志的能力能为未来的行为创设理由，仅仅因为这是自由的体现。

2. 时间性

理论理性的陈述是没有时态的，而实践理性的陈述内在地具有时态的。“我要做行为 A，因为我想让 B 成为事实”，这在本质上是指向将来的，就像“假设 H 由证据 E 所证实”本质上根本没有时态。它是不受时间影响的，当然，在特定的情况下，它可能会谈及特定的历史情况。对于非人类的动物来说，确实只有即刻的理由，因为没有语言你就无法安排时间。

203 **3. 自我和第一人称观点**

在我们将要考虑的事例中，根本的是要看到，我们正在考察为理性的自我为自己创设理由的逻辑结构。自由的行为主体现在能创设出一个未来对他有约束力的理由，无论他未来的感觉如何，任何外在的或第三人称的观点都无法解释这个过程。

4. 语言和其他制度性结构

为了创设出独立于欲望的行动理由，行为主体必须拥有一种语言。人们可以设想原始的前语言生物将满足条件赋予满足条件。但是，系统性地创设这些理由以及将它们与其他人进行交流，需要人类语言所特有的那种常规性的符号手段。此外，社会关系还要求我们能够表征出创设独立于欲望的行动理由所涉及的道义关系，并且我们还需要语言以我们所需要的方式安排时间。也就是说，我们必须有方法来表征这样一个事实：一个人当前的行动为未来的行动创设出某个理由，并且我们必须有语言性的方法来表征相关的时间关系和道义关系。

除了狭义上理解的语言而外，即除了像陈述或承诺这样的言语行为而外，还有语言外的制度性结构，它们也在独立于欲望的理由的创设中发挥作用。因此，例如，只有当一个社会存在财产
制度时，才会有涉及财产的独立于欲望的理由；只有当一个社会 204
存在婚姻制度时，才会有涉及婚姻制度的独立于欲望的理由。然而，必须一再强调的一点是，理由并不是源于制度，而是制度提供了人们在其中创设理由的框架结构。理由源自这样的事实：行为主体通过自由自愿的行为约束了她的意志。

5. **理性**

为了创设独立于欲望的理由的实践能够在社会上有效，它就必须凭借相关行为主体的理性才能有效。这只是因为：我是一个理性的行为主体，我可以承认我以前的行为为我现在的行为创设了理由。

6. **五个要素全部综合起来**

让我们试着把这些要点整合成一个普遍性的解释。首先，我们如何安排时间？显而易见的答案是，我们现在做的事情将使得未来的事情发生，但如果我们现在不采取行动，未来就不会发生那些事情。这就是我们设置闹钟的原因。我们知道我们有一个早上 6 时起床的理由，但我们也知道到了早上 6 时，我们将不能够基于这个理由而行动，因为我们会睡着。因此，通过现在设定闹

钟，我们将能够在未来基于某个理由而行动。但假设我没有闹
205 钟，我必须尝试让其他人叫醒我。例如，我将闹钟设置为早上 6 时，我要求别人在早上 6 时叫醒我，这二者之间有什么区别呢？在这两种情况下，我现在都会做某种事情使得“我明天早上 6 时醒来”成为事实。不同之处在于，在设闹钟的情况下，我仅仅创设了原因，而在后一种情况下，我创设了行动的新理由。怎么讲？不过，这有不同类型的情况。如果我不信任这个人，我可能会说，“如果你早上 6 时叫醒我，我会给你 5 美元”。在这种情况下，我做出了一个承诺，一个附条件的承诺，即承诺给别人 5 美元，如果他接受这个提议，他就承诺叫醒我，条件是我给他 5 美元。这是一个典型的合同。每一方都做出了附条件的承诺，都以从对方获得利益为条件。

在更加实际的情况下，我只是从他那里得到一个叫醒我的承诺。我说，“请在早上 6 时叫醒我”，他说“好的”。在这种背景下，他做出了一个无条件的承诺，并创设出了一个独立于欲望的理由。

在第三种情况下，根本不需要做出任何承诺。假设我根本不信任这个人，但我知道他每天早上 6 时做早餐。我只须将所有早餐食物放置好，这样他就无法在不叫醒我的情况下拿到早餐。比如，我把食物拿到我的房间并锁上门。为了吃早餐，他就必须敲我的门，从而把我弄醒。现在这第三种情形也创设出了一个弄醒我的理由，但这是一个审慎的或依赖于欲望的理由。他必须做出推理：“我想要吃早餐，除非弄醒他，否则我不能吃早餐，所以我会弄醒他。”

这三种方法有时可能都同样有效，但我想提请大家注意，第三种方法是非常的奇怪的。如果我们能够让其他人合作的唯一方 206 法是让他们独立于我们而想做我们想要他们做的事情，那么大多数形式的人类社会生活将是不可能的。**为了能够在社会基础上组织时间，我们有必要建立机制来证成对包括我们自己在内的共同体成员未来行为的合理预期**。如果我们只有欲望，就像柯勒的黑猩猩那样，我们就永远不能够以一种能让我们组织自己的行为并与其他自我相互协调的方式来组织时间。为了组织和协调我们的行为，我们需要创设出一类事体，它们具有与欲望相同的逻辑结构，但独立于欲望。简而言之，我们需要创设出一类外在动机因素，它们为行动提供理由，这动机因素有适应指向向上的命题内容，并以行为主体作为主语。这些事体能够约束理性自我的唯一方式恰恰是理性自我自由地将它们创设出来约束自己。

让我们转向语言和其他制度性结构的作用。制度性事实有许多特征需要分析；我曾在其他地方尝试对其中的一些特征进行分析，这里不再重复。[1] 然而，有一个特征对于当前的讨论至关重要。就制度性事实而言，意向性与本体论意义上的存在之间的一般关系被颠倒了。在一般情形中，实际所**是**的情况在逻辑上先于**看来**所是的情况。因此，我们理解这个物体看起来很重，因为我们理解什么是一个物体很重。但就制度性实在而言，本体论意义 207 上的存在源自意向性。为了让某类型的东西成为货币，人们必须认为它是货币。但如果有足够多的人认为它是货币，并且有其他

〔1〕 John Searle, *The Construction of Social Reality*, New York: The Free Press, 1995.

适当的态度，还有适当的行为，并且如果这种类型的东西满足他们的态度所设定的所有其他条件，比如它不是伪造的，那么它就是货币。如果我们都认为某种东西是货币，并且我们在将其作为货币来使用、看待、处理等问题上进行合作，那么它就是货币。在这种情况下，“看似”先于“真是”。我无法夸大这种现象的重要性。从我嘴里发出的声音，视作物理现象的一部分，是相当微不足道的声波爆炸。但它们有着非凡的特征。也就是说，我们认为它们是英语句子，并且这些话语是言语行为。如果我们都将它们视为句子和言语行为，并且如果我们合作将它们作为句子和言语行为来进行使用、解释、看待、回应和普遍对待，那么它们就是我们所使用、看待、对待和解释的那样。(我在这里说得非常简短。但我并不想暗示说这些现象是任何形式的简单现象)在这种情形中，我们通过将原初实在视为具有某种地位的东西来创设出制度性实在。我们所讨论的货币、财产、政府、婚姻、大学和言语行为等事体，都可在一定层面描述为像高山和雪堆这样的原初物理现象。但通过集体意向性，我们赋予它们地位，并且我们对这些地位赋予了功能，没有这种地位赋予，它们就不能发挥相应的功能。

下一步是要看到，在这些制度性现象的创设过程中，我们也可以创设出行动的理由。我有理由保存和维护钱包里那些相当无
208 趣的纸片，因为我知道它们不仅是纸片。它们是一张张有价值的美国货币。也就是说，在给定制度性结构的情况下，如果没有这个制度性结构，整套的行动理由就不可能存在。因此，“看似事实”可以创设出一套行动理由，因为就制度性实在而言，适当理

解的“看似事实”就是事实。如果我向某人借钱，或在酒吧点啤酒，或结婚，或加入俱乐部，我利用制度性结构来创设行动理由，而这些理由存在于制度性结构之内。

但到目前为止，这并没有回答我们的关键问题，即我们如何能用这样的结构来创设独立于欲望的理由？我想要金钱有很好的理由，但它们都是依赖于欲望的理由，因为它们源自我对能用金钱买到的东西的欲望。但我必须支付金钱的义务又是怎样的呢？或者偿还我欠别人的债务呢？或者履行我在如此这般的情况下付钱的承诺呢？如果一群人创设出某种制度，其唯一功能就是我应该给他们钱，那么目前为止，我还没有任何义务给他们钱，因为尽管他们可能创设出了他们所认为的某个理由，但它还不是我的理由。那么，我如何能用制度性实在为我创设出独立于欲望的理由呢？

正是在这一点上，我们必须引入自由和第一人称观点的特
征。我们现在的问题是，我如何能为自己创设出某个理由，在未
来对我有约束力的理由，尽管我创设出了去做某事的理由，到时
我可能没有任何想要做的欲望。如果你从第三人称观点来看待这
种现象，我认为这个问题的解答会变得不可能。从第三人称观点 209
来看，就是某人从嘴里发出一串声音。他说：“我承诺早上6时
叫醒你。”他这样做怎么能创设出一个约束他意志的理由呢？要
回答这个问题，唯一的办法就是从第一人称的角度来看，当我从
嘴里发出这些声音时，我认为正在发生什么，我正在尝试做什
么，我的意图是什么。一旦我们从第一人称观点来看待这个问
题，我相信我们就能明白解决我们的难题的方法。当我说“我承
诺早上6时叫醒你”时，我认为自己在自由地为自己创设“在早

上6时叫醒你”的理由，即一种特殊的独立于欲望的理由，一种义务。这就是承诺的全部意义所在。确实，这就是承诺。承诺是有意地创设某种义务，而且这种义务从定义来说与行为主体随后的欲望无关。但到目前为止，我所说的一切不过是我带着某种意图发出些声音，因为我有这些意图，所以在我看来如此这般的情况就是事实。但我们是如何从“看似事实”到达“它就是事实”的呢？要回答这个问题，我们必须回到我刚才所说的制度性结构。这些结构的特点是“**看似**”先于“**真是**”。如果在我看来我正在创设一个承诺，因为这是我做我所做的事情的意图，而且在你看来你已经得到一个承诺，以及所有其他条件（这些条件我不会在这里一一列举，但已在其他地方详细列举）[1]，如果创设承
210 诺之所以可能的其他所有条件都存在，那么我就创设了一个承诺。我有意地创设出了一个新的事体，它未来对我有约束力；对我来说，这是一个独立于欲望的理由，因为我是自由地、有意地将其作为这样的事体来创设的。

现在约束意志的能力为未来的行为创设了理由，只因为它现在是我的自由的体现。我之前说过，这表明了以下情形为什么如此：尽管承诺人和奴隶都在制度性结构内行动，但除了依赖于欲望的理由而外，奴隶没有服从奴隶主的任何理由。奴隶的唯一理由是审慎的理由。奴隶从来没有行使任何自由来为自己的行为创设理由。要想明白行为主体如何在制度性结构中为自己的行为创设出外在理由，至关重要的是要明白，在制度性结构中，行为主

[1] John Searle, *Speech Acts*: *An Essay in the Philosophy of Language*, Cambridge: Cambridge University Press, 1969, chap. 3.

体有可能自由地为自己创设出理由。毫无疑问，这是他的理由，因为他已经自由自愿地将其作为他自己的理由而创设出来。不过，这当然不是说它是一个可以否决其他所有理由的理由。恰恰相反，我们知道，在现实生活中的任何情况下，任何行动都可能有支持或反对它的大量相互竞争的理由。行动的时间到了，行为主体仍然可能需要权衡他的承诺与其他各种做或不做某事的相互竞争的理由。

到目前为止，我们已经考虑了四个特征：时间、制度性结构、第一人称观点和自由。我现在谈谈第五点，即理性。理性行动的能力是一系列能力的总和，其中包括认识和保持一致性地运作的能力、推理能力、识别证据的能力，以及大量其他能力。对
我们当下的讨论非常重要的理性特征涉及以各种方式操作行动理 211
由的能力。此时此刻，我想要模糊一点，因为澄清它是我们接下来的关键任务。

假设我自由地行动并带有为自己创设一个独立于欲望的理由的意图，假设我满足了（做承诺，或点啤酒，或做其他什么事的）所有条件，因此我真的成功地创设了这个理由。那么，到了那个时候，我需要什么才能承认有这样的理由呢？假设我知道所有事实，承认理性就足以承认先前创设的理由现在具有约束力。重要的是，为了能够理解你在过去作为有约束力的理由而为当前时刻创设出的理由恰好就是当前时刻具有约束力的理由，你并不是必须还要额外有某种关于承诺或喝啤酒的道德原则。你承认有关义务之创设和持续存在的所有事实，然后否认你有做出行动的理由，这纯粹是逻辑上的不一致。

六、总结与结论

人类如何能够创设出独立于欲望的行动理由，如何能有基于这个理由而行为的动机，这是我在本章一直想要说明的问题。行为主体创设出了这样的理由，与之对应的事实是什么？这样的理由是激发行动的理性形式，与之对应的事实是什么？我已尝试从三个层面来讨论这些问题。第一个层面，也是最基本的层面，即基本意向性的原子结构层面，由此行为主体可以通过将满足条件
212 赋予满足条件而使自己做出承诺。第二个层面是“现象学”的层面，我们讨论它在行为主体看起来是如何的问题。在行为主体看来，他是通过自由和有意地行使其意志来进行承诺的，他以这种方式来约束他未来的意志，从而使他在未来有一个行动的理由，而这个理由与他是否有实施相应行动的欲望无关。第三个层面是整个社会的层面：拥有这种独立于欲望的行动理由的体系具有什么社会功能呢？

人类创设出独立于欲望的行动理由，并有基于这理由而行为的动机，与之相对应的基本事实如下：

(1)必须存在足以创设这种制度性事实的结构。这些结构总是语言性的结构，但它们也可能涉及其他制度。这样的结构使我们能够买房屋、点啤酒、报名入读大学，等等。

(2)在这些结构中，如果行为主体以适当的意图行事，就足以创设出独立于欲望的理由。具体来说，如果行为主体做出行动

的意图是他的行动应创设这样的理由，那么如果其他方面的条件适当的话，他就创设出了这样一个理由。关键性的意图是让它成为理由的意图。理由并非来自相应的制度；制度仅提供了创设这种理由的工具。

(3)创设这种理由的意向性的逻辑形式总是将满足条件赋予满足条件。可以说，为某个行动创设独立于欲望的理由，最纯粹的情形就是承诺。然而，承诺在言语行为中比较特殊，因为它以
做承诺的人作为命题内容的主语，并且其满足条件被赋予了自我 213
指涉的要素。承诺的满足条件不仅是说话者做某事，而且他这样做是因为他做出了这样做的承诺。因此，承诺中存在自我指涉的要素，而这种自我指涉的要素在其他某些类型的言语行为中并不存在。比如，在断言中就不存在这样的要素。

(4)义务一旦被创设，行为主体就应该承认这义务对其随后的行为具有约束力，这是承认理性的要求。义务具有行动理由的结构。它是带有向上适应指向的使成式事体，并且以行为主体作为其主语。

(5)一旦创设了某个有效的独立于欲望的行动理由，这个理由就可以激发实施这个行动的欲望，就像对其他任何理由的承认可以激发实施相应行动的欲望一样。承认做某事的有效理由就已经承认想要做这件事的有效理由。

附录：内在理由与外在理由 214

伯纳德·威廉姆斯认为，不存在外在理由这种东西，行为主

体的全部理由都必须是内在于其动机集的，我反对这种主张。毫无疑问，人们可以对这种观点提出各种反对意见，但我的反对意见的要旨是，可以有外在于行为主体动机集的事实，因而理性要求行为主体承认这些事实是行动的理由，即使他当时的动机集中没有任何东西使他倾向于承认这些事实是理由。我已集中讨论的是两类事实：关于长远审慎的事实；关于存在独立于欲望的理由的事实，比如，行为主体承担义务的事实。

内在论学说的最后一个特征值得特别一提。对内在论的有些解释认为，不存在外在理由，这是重言式的为真，我不希望被认为不同意这些解释。问题是，为真的重言式版本很容易被解释成为假的实质性的版本。（我并不是暗示说威廉姆斯本人混淆了这一点）而在本附录中，我将极其简略地陈述其重言式版本，并将它们与实质性的版本进行对比。

内在论的基本论证是，如果行为主体没有内在理由，他就不能有任何**用来**推理的东西。根据定义，外在理由是在行为主体之外的理由，因此他无法用它来进行推理。这个论证的一个推论，在某种程度上是陈述这个论证最有力的方式，这推论是，如果行为主体的理由不是内在理由，那么我们就不能用他的理由来解释
215 他的行为，因为只有内在理由才能真正**激发**行为主体去行动。因此，内在论有两个密切相关的论证：一个是有关推理过程的论证；另一个是有关动机的论证。它们都承认重言式的阐述，当然我并不反对这种重言式的阐述。

> 重言式命题A，推理：为了能在心灵中以理由为根据进行推理，行为主体的心灵中必须有用来进行推理的

理由。

动机论题的重言式版本如下：

> 重言式命题 B，动机：为了使行为主体有被其心灵中的理由所激发出的行为动机，他的心灵中必须有激发他的理由。

这两种重言式都承认一种实质性的重述，在我看来，这不但不是重言式的，而且是错误的。这实质性的重述体现了内在论与外在论在理性方面的分歧。

> 实质性命题 A：为了任何事实或使成式事体 R 能成为行为主体 X 的理由，R 必须已经是 X 的动机集 S 的一部分，或者已经被表征在 X 的动机集 S 之中。

非重言式的版本 B 如下：

> 实质性命题 B：全部理性的动机都是作广义解释的欲望，正如威廉姆斯对动机集 S 的描述那样。

内在论的实质性版本直接就会遭受到反例。实质性命题 A 的
直接后果是：关于行为主体的独立于欲望的行动理由的事实，例 216
如有关其长远审慎利益的事实和关于其承诺和义务的事实，即使在行为主体意识到这些事实的情况下，如果行为主体在其动机集中没有基于这些事实而行动的意愿，它们就不能成为行动的理由。实质性命题 B 的直接后果是：在行为主体生命中的任何时刻，对于任何类型 T 的行为，除非行为主体恰好当时就有某种作广义解释的欲望，这欲望要么是做出类型 T 的行为的欲望，要么是对某种事物的欲望，但从这种欲望到做出类型 T 的行为之间要有作为满足欲望的手段的合理的审慎思考的路径。我们已经看到

一些事例，在这些事例中，即使这些条件没有得到满足，行为主体也有实施某个行为的理由，因此实质性命题 B 是错误的。

因此，内在论与外在论之间的争论是关于独立于欲望的行动理由是否存在的争论。问题在于：仅凭理性就要求行为主体将某个理由认作动机，无论它是否会诉诸行为主体动机集中的某些东西，是否有这样的一些理由呢？根据内在论者的观点，所有行动的理由都必须以作广义理解的欲望为基础。根据外在论者的观点，行为的某些理由本身就可以是做某事之欲望的基础，但它们本身既不是欲望，也不以欲望为基础。例如，我可能有信守我的承诺的欲望，因为我承认这是一项义务，但我想要信守承诺的唯一理由就是我有一个信守承诺的在先的欲望，这并不是事实。

威廉姆斯有时好像会说，对义务的承认就已经是行动的内在理由。但这种说法是模棱两可的。说 A 知道他有某项义务，这至少为两种不同的可能性留有余地。

217 (1) A 知道他有某项义务，他将其认作行动的有效理由，因此他将其认作想要去行动的理由。

(2) A 知道他有某项义务，但他对这个义务一点都不关心。他的动机集中没有任何东西使他倾向于基于这个义务而行动。

现在，内在论者与外在论者之间的争论恰好出现在这里：对于外在论者来说，在这两种情况下都存在行动的理由。事实上，在这两种情况下，都存在独立于欲望的行动理由。对于内在论者来说，只有在(1)的情况下才有行动的理由。而且根据外在论者的观点，内在论者错误地描述了情况(1)。内在论者认为，将有约束力的义务认作一个有效的理由，这就已经是一种行动的欲望。外在论者将义务视为欲望的基础，义务本身就是独立于欲望的行动理由。

在我看来，在这种情况下，内在论观点的捍卫者可能会争辩说，只有当行为主体有能力将外在理由认作具有约束力的义务时，外在理由才能仍然发挥作用。这导致了内在论的第三个复重言式版本：

> 重言式命题C：在运用行为主体内在的倾向性能力时，为了使他将外在理由认作理由，这行为主体必须具有将其认作理由的内在能力。

但这很容易被重新解释为非重言式实质性版本，但它是错误的：

> 实质性命题C：任何外在事实要有可能成为行为主体的理由，这个行为主体就必须具有将其认作理由的内在倾向。

我们不难看出，你如何会将实质性命题与重言式命题混为一 218
谈，但二者是截然不同的。重言式命题C只是说，要运用某种能力，行为主体必须具备这种能力。实质性命题C是说，除非行为主体想要将其认作有效的理由，否则任何事情都不是有效的理由，我已经论证这是错误的。存在独立于欲望的理由，不管行为主体的动机集中的欲望和倾向如何，这些理由对理性的行为主体都是有约束力的，这恰好是理性概念的一部分。

219

第七章　意志薄弱

一个人经过审慎的思考过程后做出了一个深思熟虑的决定，从而形成了一个坚定而无条件地要去做某事的意图，做这事的时刻到了，他却由于意志薄弱而没有去做，这种情况时有发生，实际上极为常见。不过，如果审慎考虑与意图之间的关系既是因果关系，又是理性或逻辑关系，也就是说，如果理性过程因致意图，而意图又通过意向性因果关系因致行动，那么怎么会有真正的意志薄弱的情形呢？一个行为主体形成了一个去做某事的全面的、无条件的意图，没有任何东西阻止他去做，但他仍然没有去做，这样的情况怎么会出现呢？令人惊奇的是，许多哲学家认为这种事情是不可能发生的，并提出了一些精巧的论证来证明这是不可能的，貌似意志薄弱的情形实际上是别的某种情形。唉，这不但是可能的，而且很常见。例如，这里就有一种非常常见的情况：一个学生形成了一个坚定的、无条件的意图，要在周二晚上写他的学期论文。没有任何东西能阻止他写论文，但当午夜来临时，结果他整晚都在看电视和喝啤酒。任何一位老师都可以作证，这种情形并不少 220
见。事实上，我们应该坚持认为，任何关于意志薄弱（希腊人称之为“akrasia”［不自制］）现象的解释，都要考虑到意志薄弱现象在现实生活中是相当常见的，并且它不涉及任何逻辑错误，对这个事实的考虑是关于意志薄弱现象之解释的一个适切性条件。在前面的章节中，我们发现了意图和行动之间的间隙，这个间隙将为意志薄弱现象提供解释。

那么，意志薄弱的现象如何可能呢？让我们反过来问，既然意志薄弱的现象在现实生活中如此常见，为什么会有人怀疑它存在的可能性，甚至对其存在的可能性困惑不解呢？我认为根本的错误在于误解了行动前的原因与行动实施之间的关系，这个错误在哲学上有着悠久的历史。哲学中有一个悠久的传统，根据这一传统，就理性行动而言，如果该行为前的心理状态都是井然有序的，也就是说，它们是合适的欲望、意图和价值判断，等等，那么相应的行为必然随之而来。有些作者认为，相应行为的出现，甚至是一个分析真理。这种必然因致的观念的一个典型表述出自约翰·密尔：

> ……实际上，意志以同样的一致性跟随着确定的心理先在条件，而且当我们对环境有充足的知识时，意志以同样的确定性跟随着心理先在条件，正如物理的结果跟随着物理的原因一样。这些心理先在条件是欲望、厌

> 恶、习惯和倾向，它们与适合让这些内在激励因素引发行动的外部环境相结合。……意志是一种心理结果，它确定不移地跟随着相应的心理原因，正如物理结果确定不移地跟随物理原因一样。[1]

221 我认为很明显，任何持这种观点的人都会发现意志薄弱现象是个问题，因为如果原因是适当的，那么行动借由因果必然性就应该随之发生。20 世纪的分析哲学有一个传统，根据这个传统，纯粹意志薄弱的情形永远不会真的发生，而且根据这个传统，它们也不可能发生。根据理查德·黑尔[2]的说法，如果行为主体的行为违背了他所声称的道德确信，那就表明他实际上没有他声称拥有的道德确信。根据唐纳德·戴维森[3]的说法，如果行为主体的行为违背了他的意图，那么他实际上就没有实施相应行动的无条件的意图。某人做出某种赞同做某事的评价性判断，除非他被阻止去做，等等，否则他就必然会做那件事，黑尔和戴维森都以不同变体的形式持有这种基本观点。因此，根据这种观点，如果没有实施相应的行动，那就可以推断出行为主体根本没有正确类型的评价性判断。根据戴维森的解释，结果是这个判断只是表面的或有条件的价值判断。根据黑尔的解释，结果是，被讨论的评价不可能是道德评价。

---

〔1〕 J. S. Mill, *The Examination of Sir William Hamilton's Philosophy*，引自 Timothy O'Connor(ed.), *Agents*, *Causes and Events*: *Essays on Indeterminism and Free Will*, Oxford: Oxford University Press, 1995, p. 76。

〔2〕 R. M. Hare, *The Language of Morals*, Oxford: Oxford University Press, 1952.

〔3〕 Donald Davidson, "How Is Weakness of the Will Possible?" in *Essays on Actions and Events*, Oxford: Oxford University Press, 1980.

所有这些情况的一般模式都是假定如果行动的在先条件以某种方式得到理性的系统安排，那么行动将借由因果必然性而随之发生。因此戴维森赞同以下两个原则：

(P1)与做 y 相比，如果某个行为主体更多地想要做 x，并且他相信自己可以自由地做 x 或做 y，那么如果他有意地做 x 或做 y，他就会有意地做 x。[1]

(P2)如果行为主体判断做 x 比做 y 更好，那么他就 222
比做 y 更想要做 x。[2]

这两个原则合在一起就意味着，如果某个行为主体判断做 x 比做 y 更好，那么如果有意地做 x 或做 y，他就会有意地做 x。两个原则显得与戴维森所陈述的存在弱意志行为的原则不一致，戴维森的陈述如下：

(P3)存在不自制的行为。[3]

也就是说，在某些行为中，行为主体判断做 x 比做 y 更好，他相信自己可以自由地做 x 或做 y，但他还是有意地做 y 而不是做 x。

对这个明显的悖论，戴维森的解决方式是说，当行为主体表面上违背的他的最佳判断去做 y 而不是做 x 时，实际上这个行为主体没有做出大意是“做 x 更好”的**无条件**判断。黑尔的观点稍

---

〔1〕 Donald Davidson, “How Is Weakness of the Will Possible?” in *Essays on Actions and Events*, Oxford: Oxford University Press, 1980, p. 23.

〔2〕 Donald Davidson, “How Is Weakness of the Will Possible?” in *Essays on Actions and Events*, Oxford: Oxford University Press, 1980, p. 23.

〔3〕 Donald Davidson, “How Is Weakness of the Will Possible?” in *Essays on Actions and Events*, Oxford: Oxford University Press, 1980, p. 23.

微复杂一些，但基本想法一样。他的想法是，如果我们接受某个命令，那么根据因果必然性，可以推断出我们接受这命令将导致相应行为的实施，并且在他看来，接受一个道德判断就是接受一个命令。黑尔写道："我建议说，检验某人使用'我应该做X'这一判断时是否将其作为一个价值判断，就是看'他是否承认：如果他同意这一判断，他就必须还同意'让我做X'这一命令？"[1] 他还写道，"我们真诚地同意向我们下达的第二人称命
223 令，如果现在是执行命令的时刻，并且我们(在身体和心理上)有能力执行这命令，**然而**我们又不执行这命令，这是不可能的。这个说法是同义反复"。[2]

我们从这两位作者得到的看法是，行动之前的适当的原因性条件必定因致相应的行动，因此，表面上意志薄弱的情形的实际上是行动之前以心理状态形式存在的行动之原因出现问题的情形。

所有这些作者实际上都否认间隙存在，对他们而言，为什么意志薄弱的问题以如此明显的形式出现，为什么他们被迫或明或暗地否认任何严格意义上的意志薄弱的情形的真实存在，原因就在于此。因此我和传统之间最深层的争论就是关于间隙的争论。经典模型否认间隙存在。相反，我认为间隙是我们意识生活中显而易见的事实。我在前面的章节中已经给出了间隙存在的论证，这里不再重复。在本章我想采纳另外一种方式。我将黑尔和戴维

---

[1] R. M. Hare, *Language of Morals*, Oxford: Oxford University Press, 1952, pp. 168-169.

[2] R. M. Hare, *Language of Morals*, Oxford: Oxford University Press, 1952, p. 20.

森对处理意志薄弱问题的方式视为对经典模型这一特征的一种归谬论证。在我看来，就自由行动而言，道德判断、无条件的价值判断、坚定而无条件的意图，任何你喜欢的东西，这些都可以是行动之前的条件，无论有什么类型的条件，意志薄弱的行为始终是可能的。因此，如果你得出的结论说，意志薄弱的情形是不可能的，那么你就搞错了，必须回过头去修改那导致错误的前提。在此，那错误的前提是对间隙的否认。戴维森的解释是更加新近的解释，所以我将把大部分注意力集中在这种解释上。

存在意志薄弱的行为，这个命题到底是什么？也就是说，我 224
们需要以某种方式来表述这个命题以明确它是否真的跟(P1)和(P2)不一致。戴维森以如下形式表述它：

(P3)存在不自制的行为。

但什么是“不自制的”行为呢？按照自然的解释，在我看来，这个命题是说存在这样的行为：行为主体无条件地判断做 x 比做 y 更好，他相信他能够做 x 和 y 中任何一个行为，但他有意地做 y 而不是 x。这命题确实与(P1)和(P2)的合取不一致，但我认为这个命题为真。戴维森否认这个命题为真，并且他宣称：在看似“不自制的”情况下，真正发生的情况是，行为主体没有无条件地判断做 x 比做 y 更好，而只是做了其大意为“做 x 比做 y 更好”这样一个附条件的或表面的判断。“考虑到所有的事情”，他判断做 x 比做 y 更好，根据戴维森的说法，这里的“考虑到所有的事情”，并不意味着字面上的“考虑到所有的事情”，它的意思只是类似于说“相对于行为主体碰巧想到的某组考虑因素而言。”

关于戴维森的论点，首先要注意的是，他没有给出独立的论证来证明意志薄弱的行为主体不能做出无条件的评价性判断，以赞同实施他所实施的行为以外的任何行为。也就是说，他没有给出激发其论点的独立理由，也没有考察任何事例来表明相应行为主体所做的只是附条件的判断。更确切地说，作为克服(P1)、(P2)与(P3)之间明显不一致的一种方式，他采用了“表面的评
225 价”概念和“附条件的评价”概念。如果在意志薄弱的情形中，行为主体没有做出无条件的判断来支持做他实际没做的行为，他只是做出了表面上的“考虑到所有的事情”的判断，那么不一致就会被消除。现在(P3)可解读为：

(P3*)行为主体有时会做出附条件的、表面的判断，即判断做 x 比做 y 更好，他相信自己能够做 x 和 y 中的任何一个，然后他有意地做 y。

因此，(P1)、(P2)、(P3)是一致的。

那么这个解决办法的逻辑状态是什么呢？其主张是这样的：在所有意志薄弱的行为发生之前都有附条件的价值判断(或附条件的意图，戴维森认为这是同一个东西)。从表面上看，这似乎是一个经验假设：意志薄弱的经验与做出附条件的而非无条件的价值判断之间存在着百分之百的相关性。但如果这被认为是一个经验性假设，那么它就是在很少的经验证据或根本没有经验证据的基础上提出的一个令人惊讶的雄心勃勃的断言。

意志薄弱的行为主体没有做出无条件的判断，但戴维森并没有给出独立的论证来证明这个断言，即便除去这个事实外，也还有另一个更糟糕的问题。问题是这样的：无论判断的形式如何，

行为主体依然会遭受意志薄弱行为的困扰。行为主体可以说，“我无条件地认为 x 比 y 更好”，但他还是做 y 而不是 x。对此，我能想到的唯一出路就是循环论证，让“行为主体事实上是否有意地实施了相应的行为”成为“他是否做出了无条件的判断”的判定标准。这个循环是这样的：论点是在所有意志薄弱的行为发 226
生之前都有附条件的意图而非无条件的意图。对这个论点的论证是，这些行为是意志薄弱的，因此在这些行为发生之前**必定**已有附条件的意图而非无条件的意图，因为如果在它们发生之前有一个无条件的意图，那么相应的行为就必须已发生。我相信戴维森的文章中隐含了这个循环。对于戴维森来说，行为主体有意识地做某事，当且仅当，他持有赞同做这事的完全无条件的评价性判断。因此，从这个观念可以得出如下微不足道的结论：行为主体说做 x 比做 y 更好，但仍然有意地做 y 而不是 x，在这种情况下，那判断不可能是无条件的。但这让我们出了油锅又进入火坑，因为如下的说法显然是错误的：从做出完全无条件的评价性判断的任何日常意义上来说，一个人做出了这种判断，然后又没做他断定为可做的最好的事情，这是不可能的。确实，这正是意志薄弱的问题。一个人经常会做出完全无条件的判断，然后却没做他断定为可做的最好的事情。戴维森宣布，在所有此类情况下，行为主体都未能做出完全无条件的判断，当他这样宣布时，他只是在通过强令的方式来解决意志薄弱的问题。

我对这里的事情的诊断是这样的：所有意志薄弱的情形都是附条件的价值判断的情形，这看起来像是以经验为依据的断言，实际上并不是以经验为依据的断言。确切地说，戴维森假定

(P1)、(P2)和(P3)都为真，并且(P1)和(P2)是没有问题的，因
227 此(P3)必须有一个解释，使其与(P1)和(P2)相一致。关于附条件的价值判断的主张就是这样的解释的。

但这个解决方式会产生荒谬的后果，我现在就详细说明。考虑一下现实生活中通常出现的各种意志薄弱的情形。让我们假定，在考虑了我所知道的与待决定的事项有关的所有事实之后，我决定今晚晚餐时最好不要喝酒，这个决定的原因让我们假定我想在晚餐后做一些研究意志薄弱问题的工作。但让我们假定，结果是我确实在晚餐时喝了酒。端上来的酒看起来相当诱人，我一时意志薄弱，就喝了它。根据戴维森式的解释，关于这件事，我的意向状态总计如下：

(1)我做了一个附条件的判断：考虑到所有的事情，最好是不喝酒。

(2)我做出了一个无条件的判断：最好是喝酒。

但事实是我喝了酒。

这个解释有什么问题呢？我一定做出了无条件的价值判断，其大意是说最好是喝酒，这完全是错误的。我只是喝了酒。这就是使得我的行为成为意志薄弱的情形的东西。最好是不喝酒，尽管这是我的**无条件的**判断，我还是喝了酒。因此，我做正确的事情的意图不可能是无条件的意图，而一定只是表面的或附条件的意图，与这个错误的断言相匹配的有另外一个错误的断言，其大意是说：当我做错误的事情时，我一定做出了一个无条件的判断，这判断的大意是说此刻做的是正确的事情。

228 这两个断言都是错误的。我可以做出无条件的价值判断，但

在意志薄弱的情况下，我仍然会做出与之相反的事情，而且我的意志薄弱的行为不需要大意为“这样做正确”之类的任何判断。

意志薄弱的问题**不是**我如何协调两个明显不一致的**判断**的问题；相反，问题是：我只做出了一个判断，为什么到时候我就可以做出与这判断相反的行为呢？答案是，为了采取行动，我不是必须要做出另外的判断；我可以只是行动。也就是说，在这种情况下，我有某个行动中意图，但没有在先意图，也没有在先的审慎思考。

整个讨论表明(P1)和(P2)的合取是错误的。凡是一个人认为某件事是他能做的最好的事情，他就真的想要去做，但事实并非如此；当你下定决心并且确实想要做某件事时，你因此必然去做这件事，但事实也并非如此。有很多事情我认为最好去做，也有很多事情我确实想做，但我实际上没去做，尽管我既有能力也有机会去做。

我相信戴维森文章中的关键句子如下：“如果 r 是某人持有 p 的理由，那么我认为，他持有 r 一定是他持有 p 的原因。但至关重要的是，他对 r 的持有可能会因致他对 p 的持有，而 r 却不是他的理由；事实上，行为主体甚至可能认为 r 是拒绝 p 的理由。”[1] 让我们尝试将这个解释应用到喝酒的例子中。我持有一套理由 r，这些理由因致我相信最好是喝酒，即因致我相信 p。然 229
而，这些理由因致我认为喝酒是最好的，但它们实际上并不是喝酒的理由。实际上，就我而言，我认为它们是拒绝“喝酒是最好

〔1〕 Donald Davidson, “How Is Weakness of the Will Possible?” in *Essays on Actions and Events*, Oxford: Oxford University Press, 1980, p. 41.

的”这一说法的理由。

在意志薄弱的情况下，我违背自己的最佳判断而喝酒，对这种事情的发生，我认为戴维森式的解释根本不合理。我认为更加合理得多的解释是，我持有一个无条件的判断，其大意是“不喝酒是最好的”，但当我面对酒时，我发现它很诱人，而我根本没有抵挡住诱惑，对此我稍后会给出详细解释。

我们怎么会陷入这样的混乱呢？戴维森与其他许许多多哲学家[1]一起认为，就理性地被激发的行动而言，行动之前的心理条件与这行动的有意实施之间有某种因果必然联系，至少行动之前的心理条件与实施这行动的有意尝试之间有某种因果必然联系，即这行动是借由因果必然性从其在先的心理条件而得出的。但这是错误的。它否定了间隙的存在。一旦你否定了间隙的存在，你就会受困于我们一直在探究的所有这些问题，尤其是你会受困于这样的问题：严格来说，意志薄弱行为是不可能的。为了回应这些主张，即在先的适当心理条件由因果必然性而导致相应行动的主张，让我们问：确实存在这样的情形吗？在先的心理条件在因
230 果关系上足以产生相应行动，有这样的情形吗？在我看来，很显然，这样的情形有很多，但它们通常是没有自由意志的情形，而不是标准的自愿行动的情形。因此，举例来说，一个吸毒成瘾者很可能有吸毒之前的心理条件，这些在先的心理条件足以保证他吸毒，这完全是因为他无力控制自己。在这种情况下，正如我们

〔1〕 比如说，Peter van Inwagen，“When Is the Will Free?” in Timothy O’Connor(ed.)，*Agents*，*Causes*，*and Events*：*Essays on Indeterminism and Free Will*，New York：Oxford University Press，1995。

之前所看到的，不存在我们所熟悉的那种间隙。这行为确实是由行为之前的充分心理原因所决定的。顺便说一句，我们现在有相当好的证据表明这些心理原因是以适当的神经生物过程为基础的。当人们渴望从成瘾中得到满足时，中脑边缘多巴胺系统就会被激活。该系统从杏仁核和前扣带回*延伸到两个颞叶的尖端。至少根据当前的一些看法，中脑边缘多巴胺系统的激活是成瘾行为的相关神经物。

在正常情况下，我们可以提出一个显而易见的反对意见，即你可以做出任何你喜欢的评价性判断，但仍然不基于这判断来行动。再重复一遍，意志薄弱的问题在于，如果我们撇开成瘾、强迫、痴迷等情形不谈，那么无论在先的条件是什么，只要不以窃取论题的方式来描述它，即不以它蕴含相应行动之实施这种不值得考虑的方式来描述它，一个完全有意识的理性行为主体拥有这在先条件(比如，相关的道德判断、无条件的意图、任何你喜欢的东西)，但仍然不根据这在先条件的内容来行动，这就始终是可能的。而且，这种情况并不罕见。这种事每时每刻都在发生。尝试过减肥、戒烟或保持新年决心的任何人，你都可以去问。

就其最粗陋的形式而言，可以有意志薄弱的行为，让这种行 231
为令人困惑的错误源自关于因果关系的错误观念。比如，如果我们在台球撞击台球或齿轮驱动其他齿轮的模型上考虑因果关系，那么我们似乎不可能只拥有原因而没有结果。如果意图因致行为，并且有意图在，而行为主体没有采取原定的行动，这只可能

* 此处的原文是“the anterior singulate”，应系“the anterior cingulate”的笔误，因此翻译为“前扣带回”。——译者注

是因为受到了其他原因的干扰，或者它不是我们认为的那种意图类型，或者其他某种类似的情形。

但意向性因果关系在某些重要方面与台球因果关系是不同的。两者都是因果关系的特定情形，但就欲望和意图而言，在正常自愿行为的情况下，一旦原因出现，它们仍然不会迫使行为主体去行动；行为主体必须**基于**理由或基于他的意图而**行动**。就自愿行动而言，正如我们在第一章和第三章所看到的那样，在审慎思考的过程和意图形成之间存在着一定程度的松弛带，即间隙，并且在意图和实际着手做之间存在着另一个间隙。

就意向性而言，最好从第一人称观点来思考。那么，形成了某个意图却没有基于这意图而行动，对我而言，这是什么样的呢？我是否始终无法基于意图而行动，我是否始终被有意识或无意识的原因所迫，不得不采取与我的意图相反的行动？当然不会。那么，在这种情况下，是否会结果发现意图不知怎么地是有缺陷的、有条件的或不恰当的，它不是一个全面的、无条件的、无保留的意图，而只是一个表面的、有条件的意图呢？当然也不
232 是。众所周知，有可能某个意图如你所愿的那样强烈和无条件，没有任何干扰，但你仍然没做出相应的行动。

为了明白意志薄弱的行为是如何发生的，我们必须提醒自己在正常的、无意志薄弱的情况下行动是如何进行的。当我形成一个意图时，我仍然必须基于我已形成的意图而行动。我不能像在台球的事例中那样，袖手旁观，坐等事情发生。第一人称观点是这里唯一真正重要的观点，但从这种观点来看，行动不是正好发生的事情，它们不是正好发生的事件；确切地说，从第一人称观

点来看，它们是**被做出的**；比如说，它们是被着手做的、被发起的或被实施的。下定决心是不够的；你仍然必须做。正是在意图和行动之间的这种间隙中，我们发现了意志薄弱的可能性，实际上，至少在某些情况下意志薄弱是不可避免的。由于不可避免地存在相互冲突的欲望和其他激发动机的因素，对于大多数预先考虑好的行动来说，当实施这个行动的时间到来时，对于行为主体下决心做的事情，他可能会发现自己面临着不想去做的欲望。

如果意志薄弱真的不可能，那会是什么样的呢？想象一个世界，这个世界里的人一旦形成了实施某个行动的无条件意图（并且满足了你愿意说出的其他任何在先的条件，比如形成了赞同实施这行动的完全的价值判断，对自己发出了实施这行动的道德命令，等等），随后这行动就借助因果必然性而发生，除非另外的某种原因抵消了意图的因果力量，或者意图变弱并失去了因致行动的力量。如果世界实际上就是这样运行的，我们就不必**基于**自
己的意图**而行动**；我们可以说是等待他们自己行动。我们可以置 233
身事外，观看事情的结果如何。但我们不能这样做，我们始终必须采取行动。

简而言之，意志薄弱只是某种自由的征兆，如果我们进一步考察这种自由，我们就会更好地理解它。根据做决定的某种经典观念，我们偶尔会到达一个“选择点”：在这个点上，我们会面临一系列选项，我们可以（有时必须）从中进行选择。与这种观念相反，我想提出的是，在我们生活中任何正常的、有意识的、清醒的时刻，我们都会面临着要在不确定的范围内做选择，严格地说，我们实际上是要在无限的范围内做选择。我们始终处于某个

选择点上，而且选项是无限的。此时此刻，当我正在写本章内容时，我可以扭动脚趾，移动左手，移动右手，或者出发前往廷巴克图。任何正常的、有意识的、自由的行动的经验都包含着不实施这行动而是做其他事情的可能性。这些选项中有许多选项是不值得考虑的，因为它们是徒劳的、不可欲的，甚至是荒谬的。但在有可能的选择范围内，还有少数选项是我们确实想做的，比如说，再喝一杯、上床睡觉、散步，或者暂停工作而去看小说。

有许多不同形式的意志薄弱行为，但意志薄弱行为出现的一种典型方式是这样的：作为审慎思考的结果，我们形成了某个意图。但由于我们在任何时候都有无限多的选项可供选择，当基于这意图而行动的时刻到来时，另外的几个选项可能会很有吸引力，或者行为主体出于其他理由而激起了想选的动机。对于我们基于某个理由而做出的许多行为来说，我们都有不做它们而做其他事情的理由。有时我们会基于这些理由来行动，而不是基于我
234 们原先的意图来行动。解决意志薄弱问题的办法就这么简单：我们几乎从来不会没有只有一个可供我们选择的选项。无论特定的决定如何，其他选项仍然具有吸引力。

那么在所有这些相互矛盾的要求下，我们还一向基于自己的最佳判断而行为，这似乎令人费解。但如果我们提醒自己为什么要有审慎思考和在先意图，这就不那么令人费解了。这些东西的大部分意义在于约束我们的行为。理智的行为方式并不只是一堆自发的行为，即并非每个行为都是由一时的考虑所激发的。相反，通过审慎思考形成在先意图，我们使生活变得井然有序，并且能够满足更多的长期目标。

人们通常将意志薄弱与自欺进行类比，两者确实有某些相似之处。意志薄弱的一种典型形式是责任与欲望相对，正如自欺的一种典型形式是证据与欲望相对一样。比如，情人欺骗自己，他认为自己所爱的人对他是忠诚的，尽管有极其显而易见的相反证据，因为他不顾一切地想要相信她的忠诚。但意志薄弱与自欺之间存在某些至关重要的区别，这些区别多半与适应指向有关。意志薄弱的人可以让一切都摊在桌面上。他可以对自己说："是的，我知道我一支烟都不应该再吸，而且我已经坚决地下决心要戒烟，但尽管如此，我还是非常想吸；因此，我不顾自己的最佳判断，我打算再吸一支。"但自我欺骗者不能对自己说："是的，我知道我所相信的命题肯定是假的，但我非常想要相信它；因此，我不顾自己的最佳判断和知识，我打算继续相信它。"这种看法并不是自我欺骗，它只是不合理，甚至可能是混乱的。为了满足 235
一个人相信他明知为假的命题的欲望，这认知主体必须压制住其知识。"意志薄弱"是意向状态之间某种类型的冲突的名称，在这些相互冲突的意向状态中，错误的一方获胜。"自欺"根本不像意志薄弱那样是某种类型的冲突的名称，反而是通过压制不受欢迎的一方来避免冲突的一种形式。它是掩盖冲突的一种方式，实际上，在某些情况下，它掩盖的是某种不一致性，如果让其浮出水面，这种不一致性就无法持续存在下去。冲突的形式是：

> 我有压倒性的证据证明 p(或者甚至有可能我知道 p)，但我非常希望相信非 p。

如果冲突以这种形式出现，那么欲望就无法在这个冲突中获胜。如果欲望要获胜，冲突本身就需要被压制。这就是为什么它是自欺的情形。意志薄弱是一种冲突形式，但不是一种逻辑上的不一致或不融贯。要是允许自欺的内容摆在台面上的话，自欺是一种掩盖不一致性或不融贯性的方式。由于这些原因，自欺在逻辑上需要无意识的概念。意志薄弱不需要。意志薄弱常常要以自欺为补充，以此作为消除冲突的一种方式，比如，吸烟者对自己说："吸烟对我来说其实并没有那么糟糕，而且吸烟导致癌症的说法从未得到证实。"

总结一下这些差异：意志薄弱和自欺在结构上并非真的相似。意志薄弱通常具有以下形式：

> 最好做 A，而我已经决定做 A，但我自愿且有意地做 B。

236 这里根本没有在逻辑上的荒谬或不一致，尽管不一致的行动理由之间存在冲突，行为主体有意且自愿地根据他认为是错误的理由而行动，在这个意义上说，这种行为是非理性的。

自欺通常有以下形式：

> 行为主体具有意识状态：我相信非 p。他还具有无意识状态：我有压倒性的证据证明 p，并且我非常想要相信非 p。

因此，自欺涉及非理性，在某些情况下甚至是逻辑上的不一致性。只有当其中一个要素被压制到意识之外时，自欺才能存在。

在意志薄弱的行动中，自我基于这同一个自我判断为不是最佳行动理由的理由而行动，而这个自我则违背自己判断为行动最佳理由的理由而行动。这种模式可以有多种不同的形式，并且有许多不同程度的意志薄弱。人们很容易认为，在意志薄弱的情况下，自我会被某种强烈的欲望所控制，因此，这自我的行动所依据的欲望为行动提供了真正充分的因致条件，这是个很诱人的想法。毫无疑问，存在这样的情形，但它们不是通常的情形。在通常的情况下，对于意志薄弱的行动和意志坚强的行动来说，间隙存在的程度一样。我的判断是我不应该再喝一杯酒，我违背这个判断，又喝了一杯。我根据我的最佳判断而行动，这是意志坚强的行动，但与此相比，我又喝了一杯，这并不是更加被迫、更加被强制或更加被决定的行动。在这两种情况下，间隙是相同的，或者可以是相同的。这就是为什么意志薄弱的行为在某种程度上是不理性的。当我真正有选择的时候，我做出了错误的选择，并
且我知道那是错误的选择，我这就是不理性的行为。我相信“薄 237
弱”这个隐喻在这些情况下是完全正确的，因为我们所讨论的问题是关于自我的问题。我们所讨论的问题不是我的欲望或信念薄弱的问题，而是在执行我已经做出的决定时我自己薄弱的问题。

根据我所提出的解释，意志薄弱问题并不是哲学中的一个严重问题。只有当我们对行动之前的因致条件做了一系列错误的假设时，它才是一个严重的问题。但它却富有启发性，让我们能够从不同的角度来看待间隙。然而，问题依然存在：间隙的神经生物实在是什么，或可能是什么？这个问题我将推迟到最后一章讨论。

239

第八章　为什么没有关于实践理性的演绎逻辑

一、实践理性的逻辑

我们通常被告知，实践理性是关于“做什么”的推理，而理论理性是关于“相信什么”的推理。但如果真是这样，那么我们应该感到困惑的是，我们对实践理性的演绎逻辑结构没有一个普遍接受的解释，而我们对演绎的理论理性却显然有一个普遍接受的解释。我们没有像我们显然对演绎理论理性所做的那样，对实践理性的演绎逻辑结构有一个普遍接受的解释。毕竟，我们弄清楚如何最好地实现我们的目标的过程，似乎与我们弄清楚我们的信念的含义的过程一样理性，那么为什么我们似乎对其中一个有如此强大的逻辑，而对另一个却没有呢？亚里士多德或多或少地创造出了理论三段论；虽然总体上说影响较小，但他也创造了实践三段论。我们有一个普遍接受的理论三段论的理论和演绎逻辑的理论，关于实践三段论，我们为什么没有像这样被普遍接受的理论呢？

为了明白问题之所在，让我们回顾一下这在理论理性方面据称是如何解决的。我们需要将逻辑关系问题和哲学心理问题区别 240
开来。19 世纪，弗雷格将哲学心理（“思维法则”）问题与逻辑关系问题分开，从而在演绎逻辑上取得了巨大进步。在弗雷格之后，似乎只要你掌握了正确的逻辑关系，哲学心理的问题应该相对容易解决。比如说，一旦我们理解了命题之间逻辑结果的关系，那么许多有关信念的相应问题就显得相当简单了。如果我知道“所有人都会死”和“苏格拉底是人”这两个前提联合起来蕴含“苏格拉底会死”的结论，那么我就已经知道：相信这些前提的人对这个结论**做出了承诺**；**知道**这些前提为真的人**推论出**其结论为真，这是**有证成的**，等等。简而言之，在理论理性中，一方面是诸如前提、结论和逻辑结果之类的“逻辑”概念；另一方面是诸如信念、承诺和推论之类的“心理”概念，这二者之间有一套相当紧密的相似关系。之所以存在这样一套紧密的相似关系，这是因为心理状态具有命题内容，因而心理状态接过了命题之间逻辑关系的某些特征。因为逻辑结果是保真的，而信念是对真理的承诺，所以逻辑结果的特征可以映现到对信念的承诺上。如果 q 是 p 的逻辑结果，并且我相信 p，那么我就承诺了 q 的真理性。在断言式逻辑（assertoric logic）中行之有效的默认原则是，如果你把逻辑关系弄对了，那么大多数哲学心理的问题就会自动得到解答。

241 现在，假定我们接受逻辑关系和哲学心理之间的这种区分，那么它对实践理性又该如何起作用呢？实践理性中的逻辑关系是什么？这些逻辑关系跟哲学心理有何关系？关于逻辑关系的一些问题是：实践论证的形式逻辑结构是什么？特别是，我们能否像演绎的“理论”理性那样得到关于实践理性的形式有效性的定义呢？与断言式逻辑相比，实践逻辑的推理规则与之相同，或者实践逻辑要求有与之不同的推理规则？关于审慎思考的哲学心理的问题会涉及我们在本书中一直在讨论的许多主题，特别是实践推理中意向状态的特征、它们与审慎思考的逻辑结构的关系、它们与行动的关系以及它们与一般的行动理由的关系。审慎思考中包括哪些种类的意向状态？它们之间的关系是什么？哪些种类的东西可以成为行动的理由？动机的本质是什么？审慎思考实际上如何激发行动？

鉴于逻辑理论和哲学心理学之间的区分，我们要问的问题是：“是否存在实践有效性的形式模式，从而使人们以理论理性所具有的典型方式**接受**有效的实践论证的前提就对接受其结论做出了承诺。我们已经看到，在理论理性中，你相信有效论证的前提就会对相信其结论做出承诺。我们能否对作为实践理性之结论的欲望和意图做出类似的承诺？在我看来，实践理性的形式逻辑
242 的目标必须是得到一套有效的实践推理形式；对任何此类研究的检测将是，接受推定有效的实践推理之前提的行为主体是否会承诺欲求或想要其结论，就像接受有效的理论推理之前提的行为主体承诺相信其结论一样。

二、实践理性的三种模式

首先，让我们考虑一些陈述实践理性之形式逻辑结构的尝试。我将把讨论限制在所谓手段目的推理上，因为大多数关于这个主题的作者都遵循经典模型的传统，认为实践理性是对达到目的的手段进行审慎思考的问题。奇怪的是，手段目的推理的形式结构根本就不容易陈述，或者这陈述根本就不是无争议的，这形式结构究竟是什么，没有达成普遍的一致意见。在哲学文献中，此类推理的形式模型种类繁多，令人困惑难解，甚至对其特殊的要素应该是什么，都存在根本的分歧：它们是欲望、意图、指令、命令、规范、意向对象、行动，或其他什么东西？[1] 我认为出现这种多样性的原因是，相关的作者正在应付这样一个事实：推理中的要素是使成式事体，而使成式事体可以有不同的形式。许多哲学家对解释和审慎思考的“信念欲望模型”津津乐道，但这个模型的结构到底应该是什么？安东尼·肯尼认为实践理性的 243
结构与理论理性的结构有很大不同。他给出了下面的例子：

我要在4时15分到达伦敦。

如果我搭乘2时30分的航班，我将在4时15分到达伦敦。

〔1〕 有个直到20世纪70年代中期的文献概述，很不错，参见：Bruce Aune, *Reason and Action*, Dordrecht-Holland: D. Reidel Publishing Company, 1977, ch. 4, pp. 144-194。

所以我会搭乘2时30分的航班。[1]

因为前提中出现了两个适应指向，所以我们通常可以用以下符号表示论证的形式，使用“↑”“↓”分别表示向上和向下的适应指向，并使用“E”和“M”表示目的和手段。

↑(E)。

↓(如果M，那么E)。

因此，↑(M)。

在一个人以信念和欲望作为“前提”的情况下，这种推理模式可以表示如下：

欲望(我达到E)。

信念(如果我做M，我将达到E)。

因此，欲望(我做M)。

但这似乎是不对的，因为这种形式的两个前提根本不让人对接受其结论做出承诺。作为这种形式的论证的结论，你不会得到对欲望的承诺，更不会得到对意图的承诺。要明白这一点，请注意：人们能想到的很多目的都是非常微不足道的，很多手段都是
244 荒唐可笑的。例如，我想要这个地铁不那么拥挤，并且我相信如果我杀死其他所有乘客，这个地铁就会不那么拥挤。但这不能让我产生杀死其他乘客的欲望。当然，有人**可能会**在拥挤的地铁上产生杀人的欲望，但声称理性仅仅基于我的其他信念和欲望就让我**承诺**想要杀人，这似乎是荒谬的。这种模式最多可以解释形成欲望的**可能的**动机。具有适当信念和欲望的人**可能有**欲求目的的

[1] Anthony Kenny, *Will*, *Freedom and Power*, New York: Barnes and Noble, 1976, p. 70.

动机。但没有对这种欲望的**承诺**。

有时有人说，这种模式之所以失败是因为前提的命题内容与结论之间不存在蕴含关系。实际上，如果我们只看命题内容，那推理就犯了肯定后件式的谬误。有些哲学家认为，在手段是达到目的的必要条件时，可以找到实践理性的标准形式。因此，他们赞同以下推理形式（或赞同其变体）：

↑（我达到目的E）。

↓（达到目的E的唯一方式是通过手段M）（有时表述为“手段M是目的E的必要条件”，或者“达到E，我必须做M”）。

因此，↑（我做M）。

在这种情况下，前提的满足保证了结论的满足，但对前提的接受仍然不使人对结论中的欲望或意图做出承诺。如果你根据现实生活中的事例来思考这种模式，那么它作为实践理性的普遍解释似乎完全不可能。一般来说，要达到任何目的，都有很多手 245
段，其中很多手段都是荒谬的；在只有唯一手段的罕见情况下，这手段可能如此荒谬，以至于它完全不可能被使用。假设你有任何你愿意说出的目的：你想要去巴黎，想变得富有，或者想嫁给一个共和党人。那好，以去巴黎为例，你有很多方式可以去。你可以步行去、游泳去、乘坐飞机去、坐船去、驾独木舟去，或坐火箭去；你可以挖隧道穿过地球去，或者穿过月球或北极去。在非常罕见的情况下，可能只有一种手段可以达到目的。据我所知，除了死亡外，没有快速消除流感症状的方法。因此，根据上述模型，如果我欲求立即消除流感症状，并且我相信达到这个目的唯一方法就是死亡，那么我就承诺欲求死亡。这个模型与第一个模型一样，可适用的情形非常少。大多数手段目的推理都不是关于必要条件的推理，即使它是关于必要条件的推理，欲求目的也不会让我欲求其手段。[1]

在这些例子的第一个推理模型中，前提和结论的命题内容之间不存在蕴含关系。但在第二个推理模型的前提和结论的命题内容之间存在蕴含关系。蕴含关系不会保证对继发欲望的承诺，这一事实揭示了单纯的信念逻辑与信念和欲望组合在一起的逻辑之间的重要差异。如果我相信 p，并且相信“如果 p 则 q”，那么我就对相信 q 做出了承诺。但如果我想要 p，并且相信“如果 p 则 q”，那么我并没有对想要 q 做出承诺。为什么会出现这种差异呢？当我们理解这一点时，对于为什么不存在可信的实践理性逻辑的问题，我们的理解就会取得长足进步。

246 让我们再次尝试构建实践理性的形式逻辑模型。一般来说，当你有一个欲望、意图或目标时，你寻求的不只是**任何**手段，你也寻求的也不是**唯一**的手段；你寻求的是**最佳**手段(正如亚里士多德所说，你寻求的是“最佳或最容易”的手段)。如果你是理性的，当没有任何好的或至少是合理的手段时，你就会完全放弃目标。此外，你不只是有一个目标，而且如果你是理性的，你会根据什么来评估和选择你自己的目标呢？我们稍后将不得不回到这一点。与此同时，让我们假设你已经当真选择了一个目标，并

〔1〕 在《理性与行动》(*Reason and Action*)中，布鲁斯·昂(Bruce Aune)认为第一个模型是不适当的，其理由跟我给出的理由类似，但他没有看到同样类型的反对意见似乎也适用于第二个模型。

将其评估为是合理的目标。假设你当真想要去巴黎，即你已经“下定决心”，并且你试图找出到达那里的最佳方式，你得出结论：最佳方式是乘飞机去。对于这种情况，是否存在一个可信的手段目的推理逻辑的形式模型呢？

这个论证的形式似乎是：

欲望（我去巴黎）。

信念（考虑到所有的事情，最佳方式是乘飞机去）。

因此，欲望（我乘飞机去）。

正如我一直竭力主张的那样，如果我们将逻辑关系问题与哲学心理问题分开，我们就会明白：从逻辑的观点来看，这个论证就其本身而言是省略式的三段论。要使它在形式上是有效的，它需要以下形式的另外一个前提：

欲望（如果我去巴黎，我选考虑到所有事情的最佳方式去）。

如果我们加上这个前提，那么按照经典逻辑的标准，这个论证是有效的。令 P = 我去巴黎，Q = 我选最佳方式去，R = 我乘飞机去。那么它的形式就是： 247

$$P$$

$$P \rightarrow Q$$

$$\frac{Q \leftrightarrow R}{\therefore R}$$

尽管这个论证不是保真的，因为它的两个前提和结论没有真值，但这并不重要，因为这个论证是保满足的，而真值是满足的特例。真理是对表征的满足，这表征具有语词向世界的适应指向。

但正如前面的例子一样，逻辑关系似乎没有以正确的方式映现于哲学心理。一个理性的人拥有所有这些前提，他就一定有乘飞机去巴黎的欲望，或者一定对乘飞机去巴黎的欲望做出承诺，这绝不是显而易见的。此外，为了使其可信，我们必须引入一个听起来可疑的前提，即想要“以考虑到所有事情的最佳方式”做事。实际上，任何要在形式上陈述这种实践论证结构的尝试，似乎总体上都要求有这样一个前提，但它究竟是什么意思，却完全不清楚。“最佳方式”和“考虑到所有事情”是什么意思？还要注意，这样的前提在理论理性的标准情形中并没有类似的东西。一个人相信“所有人都会死，并且苏格拉底是人”，他从这个信念推出“苏格拉底会死”的结论时，并不需要“考虑到所有事情，什么是最佳信念”这样的任何前提。

我已经以一种表示支持的态度，尝试为传统的“手段目的推理”观念，即一直可以追溯到亚里士多德的观念，找出一个形式
248 逻辑模型，这是我所能想到的最好的模型。我也已经尝试对其形式结构进行说明，在我看来，这是对我见过的其他版本的改进。但我认为它在适切性上仍然是无可救药的。经过各种不成功的尝试后，我很不情愿地得出了这样的结论：要获得一种满足哲学心理学事实所需要的实践理性形式逻辑，这是不可能的。为了说明为什么会这样，我现在转向对欲望之本性的讨论。对当下的讨论而言，欲望的基本特征是它具有向上的适应指向。我将具体说明欲望的许多特征，也是其他具有向上适应指向的使成式事体的特征，例如义务、需要、承诺，等等，也具有这些特征。但为了简

洁起见，我将从欲望的角度来说明大多数的讨论，随后将其推广到其他具有向上适应指向的使成式事体上。

三、欲望的结构

为了理解我修正后的实践推理逻辑的缺点，也为了理解实践推理之形式逻辑的一般障碍，我们必须考察欲望的一些普遍特征，尤其是要考察欲望与信念之间的差异。我会用到我在第二章给出的关于意向性的普遍解释，也会用到我在《意向性》[1]一书中提出的意向性理论的其他一些特征。具体来说，我将假定：与关于欲望的语句的表面语法相反，所有欲望都有完整的命题作为意向内容（因此“我想要你的车”的意思类似于“我想要我有你的车”）；欲望具有世界向心灵的适应指向，而信念则具有心灵向 249
世界的适应指向；欲望在意向内容上没有意图所具有的那种限制。意图一定是关于行为主体未来或现在的行动的，并且一定具有因果自我指涉性，这因果自我指涉性内置在它们的意向内容之中。欲望没有这种因致条件，而且欲望可以是关于任何东西的，无论过去、现在，还是将来。此外，我还要假定，对从物（de re）与从言（de dicto）之区分的通常解释是混乱的，“欲望是内涵性的”的观点也是如此。从物与从言的区分被恰当地解释为关于欲望的各种**句子**之间的区别，而不是各种欲望之间的区分。所有欲

[1] John R. Searle, *Intentionality: An Essay in the Philosophy of Mind*, Cambridge: Cambridge University Press, 1983.

望、信念等，它们一般都是内涵性的，这个断言完全是错误的。**关于**欲望、信念等的**句子**一般都是内涵性的。但欲望和信念本身一般不是内涵性的，尽管在极少的奇怪情况下它们可以是内涵性的。[1]

当某种事态被欲求是为了满足其他某种欲望时，最好记住每个欲望都是更大欲望的一部分。如果我想要去我的办公室取我的邮件，这里确实有一个欲望，其内容很简单：我想要(我去我的办公室)。但这是一个更大的欲望的一部分，其内容是：我想要(我通过去我的办公室的方式取我的邮件)。意图也同样有这个特征。如果我意图做 a 是为了做 b，那么我就有一个复杂的意图，其形式是，我意图(我通过做 a 来做 b)。关于这一点我稍后会详述。

欲望(想要、希望等)区别于信念的第一个特征是，一个行为主体前后一致地且有自知之明地想要 p，同时想要非 p，这是可
250 能的，但他前后一致地且有自知之明地相信 p，同时相信非 p，这却是不可能的。这个断言要强于这样的断言：行为主体可以前后一致地拥有不可能同时满足的欲望，这些欲望因他不知道的特征而不可能同时满足。例如，俄狄浦斯可能想要娶一个女人，这个女人满足“我的未婚妻”的描述，但不想娶任何满足“我的母亲”这个描述的女人，尽管事实上同一个女人满足了这两种描述。但我认为，在同样的描述下，他可以前后一致地既想娶伊俄

〔1〕 在这些点上，有关内涵性及从物与从言之区分的讨论，参阅：John R. Searle, *Intentionality*: *An Essay in the Philosophy of Mind*, Cambridge: Cambridge University Press, 1983, 第 7 章和第 8 章。

卡斯忒又不想娶伊俄卡斯忒。这种情况的标准情形是，他有一些想要娶她的理由，也有不想娶她的理由。例如，他可能想要娶她，比如说，因为他发现她既美丽又聪慧，但同时又不想娶她，比如说，因为她习惯打呼噜和把手指关节掰得咔咔响。这种情况很常见，但同样重要的是要指出，一个人可能会同时发现同样的特征既是他想要的，又是他不想要的。他可能会发现她的美丽和聪慧既令人恼火又很有魅力，他可能会发现她打呼噜和把手指关节掰得咔咔响的习惯，既惹人喜爱又让人厌恶。（想象一下，他心里想："她如此美丽和聪慧，真是太好了，但同时也有点令人厌烦；她整天坐在那里，既美丽又聪慧。令人恼火的是听到她打呼噜和掰指关节的响声，但同时这又有一些可爱之处。这太具有人的特点了。"）这就是人类的境况。

理性地、一贯地怀有不一致的欲望的可能性会产生令人不快的逻辑结果，即欲望在合取中不是闭合的。因此，如果我欲求 p，
并且欲求非 p，这并不能推导出我欲求：p 并且非 p。比如，我现 251
在想要在伯克利，我现在想要在巴黎，我知道这些是不一致的欲望，我理性地承诺我欲求我现在同时在伯克利和巴黎，这却不是事实。

为了理解理性地、一贯地持有不一致的欲望的可能性及其对实践理性的影响，我们需要更深一点的探究。正如经典观念所做的那样，区分初始欲望与继发欲望或派生欲望是一种习惯性做法，而且我认为这种区分在很大程度上是正确的。我对旅行代办人说，"我想要买张机票"，这在字面上是正确的。但我对机票用来做什么没有欲望、渴望、追求或激情，机票不过是达到"目

的”的“手段”。相对于某个欲望来说是初始欲望，而相对于另一个欲望来说可能是继发欲望。相对于我买机票的欲望而言，我去巴黎的欲望是初始欲望；相对于我参观卢浮宫的欲望而言，我去巴黎的欲望则是继发欲望。因此，初始欲望与继发欲望的区分始终是相对某种结构而言的，在这结构中，一个欲望被另一个欲望所激发，或由另外某个动机因素所激发。这正是经典的实践理性观念所包含的图景。在这种情况下，正如我刚才所指出的，对继发欲望的完整说明要提到初始欲望。我不只是想要买张机票，我想要买票是为了去巴黎。

一旦我们理解了继发欲望的特征，我们就可以看到，完全理性的行为主体至少可以通过两种方式形成相互冲突的欲望。首先，正如我们在前面所提到的，行为主体完全可以有相互冲突的倾向。其次，他可以从一系列一致的初始欲望以及满足这些欲望
252 的最佳方式的信念中形成相互冲突的欲望。考虑一个例子，一个人做出了想要乘飞机去巴黎的推理。这个人有一个乘飞机去的继发欲望，这继发欲望是由“去巴黎”的欲望和“去巴黎的最佳方式是乘飞机”的信念共同激发的。但同一个人可能会构造出如下实践推理：我不想做任何让我感到恶心和害怕的事情，但是乘飞机去任何地方都会让我感到恶心和害怕，因此我不想乘飞机去任何地方，所以我不想乘飞机去巴黎。考虑到所有事情，满足我避免恶心和害怕之欲望的最佳方式是不乘飞机去巴黎，根据我上面所建议的实践推理模式，这一点是相当容易解释的。由于这一点可以表述为一个实践推理，那么似乎**同一个人，使用两条独立的实践理性推理链，可以从一组一致的实际信念和一组一致的初始**

欲望中理性地形成不一致的继发欲望。一组逻辑一致的“前提”将产生不一致的继发欲望作为“结论”。这不是以信念和欲望为前提进行推理的矛盾性特征或附带性特征；相反，这是实践理性和理论理性之间某些本质区别的结果。

让我们进一步探究这些区别：一般来说，如果没有不一致的欲望，或者至少说，如果没有被理性地激发的不一致的欲望，就不可能有任欲望集，甚至不能有一个初始欲望集。或者，更准确地说：如果你把某个人生命中任何特定时刻的欲望和信念集拿出来，假设他的信念都为真，计算出哪些继发欲望可以理性地由他的初始欲望激发出来，那么你就会发现不一致的欲望。我不知道如何证明这一点，但许多例子都可以用来说明它。考虑一下乘飞机去巴黎的例子。即使乘飞机不会让我感到恶心和害怕，我仍然 253
不想花这个钱；我不想坐在飞机上；我不想吃飞机餐；我不想在机场排队；我不想坐在那些把胳膊肘放在我想放的地方的人旁边。实际上，我有一大堆不想做的其他事情，这些事情都是为了满足我乘飞机去巴黎的欲望而付出的代价，无论是真正意义上的代价，还是比喻意义上的代价。同一推理思路可以让我形成乘飞机去巴黎的欲望，也可以让我形成**不**乘飞机去巴黎的欲望。

对此，一个可能的解答方式是诉诸“偏好”概念，至少在一些文献中隐含着这种解答方式。我宁愿乘飞机去巴黎而感到不舒服，也不愿不乘飞机去巴黎而感到舒服。这个答案虽然在一定程度上是可以接受的，但却蕴含一个错误，即偏好是在实践推理之前被给定的，而在我看来，偏好通常是实践推理的产物。既然有序的偏好通常是实践理性的产物，它们就不能被当作实践理性的普遍预设。正如假设一个理性的人必须有一个一致的欲望集是错误的一样，假设理性的人在审慎思考之前必须对他们的欲望（或欲望的组合）有一个排序也是错误的。

这就暗示了以下结论：即使我们将关于实践推理的讨论限制在“手段目的”推理的情况下，结果发现实践推理在本质上涉及对相互冲突的欲望和其他类型相互冲突的动机（即具有向上适应指向的使成式事体）的裁决，理论理性在本质上却并不涉及对相
254 互冲突的信念做出这样的裁决。实践推理通常是在相互冲突的欲望、义务、承诺、需求、要求和职责之间做出裁决。我们在尝试对实践推理的经典观念给出一个可信的解释时，我们需要一个推理步骤，即想要通过“考虑到所有事情的最佳方式”去巴黎，其原因就在此。对“手段目的”推理过程的任何理性重构，都要以这一步骤为特征，因为“最佳”的意思只是对事情所涉及的相互冲突的欲望和其他动机因素做出最好的协调。然而，这也带来了一个后果，即我对经典观念的形式化处理在本质上是对问题的琐碎化，因为困难的部分还没有被分析：如此这般就是“考虑到所有事情后做某事的最佳方式”，我们如何得出这样这样的结论？我们如何协调相互竞争的诸多此类有效推导所得出的不一致的结论？

如果我们只能依据经典观念来做达到目的之手段的推理，那么为了得出可以构成行动基础的论证结论，我们就必须经历一整套其他此类推理链，然后找到某种方式来解决相互冲突的理由之间的问题。**经典观念遵循了正确的原则，即达到想要的目的的任何手段，至少在它确实能达到目的的方面是可取的。但问题是，**

在现实生活中，任何手段都可能而且一般都会因为其他各种理由而不可取，并且这个模型无法表明如何对这些冲突做出裁决。

当我们考虑到欲望的另一个特征时，我们立即发现事情会变得更加糟糕，这个特征我们已经顺便提到过。一个人相信 p 和“如果 p 则 q”，这个人就承诺了 q 的真理性；但一个人欲求 p，并且相信“如果 p 则 q”，这个人并没承诺他会欲求 q。[1] 你可 255
以想要 p 并相信“如果 p 则 q”，但并不承诺想要 q。比如，一对夫妇想要发生性行为，并且相信如果发生性行为她就会怀孕，但又不想要她怀孕，这在**逻辑上**是没有任何问题的。

我们可以将关于欲望以及欲望与信仰之间的区别的这些观点总结如下：欲望有两个重要特征，这使得实践理性不可能有与我们所认为的理论理性的形式逻辑相类似的形式逻辑。我们可以将第一个特征称作“不一致的必然性”。现实生活中的任何理性存在者都必然有不一致的欲望和其他类型的动机因素。我们可以将第二个特征称作“欲望的不可分离性”。作为“前提”的信念和欲望的集合并不必然使主体有相应的欲望作为“结论”，即使在前提的命题内容蕴含结论的命题内容的情况下，亦是如此。这两个特征一起在很大程度上解释了这样一个事实：在哲学文献中没有任何关于实践理性之演绎逻辑结构的可信解释。

这个事实的教训是：据我所知，寻求实践理性的形式化演绎逻辑结构，这是误入歧途。这些模型要么很少有什么运用价值，

---

〔1〕 当然，在你必须实际形成信念 q 的意义上说，你并没有对某个信念做出承诺。你可能相信 p 和“如果 p 则 q”，但对此没有任何更多的思考。（有人可能相信：29 是一个奇数；它不能被 3、5、7、9 整除；任何满足这些条件的数字都是质数。但他实际上从未得出结论说 29 是质数，即从未形成 29 是质数的信念）

要么根本不能运用，或者如果将它们准备好运用到现实生活中，
256 也只能通过对实践的审慎思考之本质特征的琐碎化来实现，一般而言，这实践的审慎思考的本质特征是对相互冲突的欲望和相互冲突的行动理由进行协调，并在协调的基础上形成理性的欲望。对任何一个推理，我们总是可以构造一个演绎模型；但如果这推理的本质特征是既包含 p 又不包含非 p，比如我想要 p 并且我想要非 p，或者我有义务实现 p 并且有义务实现非 p，那么演绎逻辑是没有什么教益的，因为它无法处理这种不一致性。这些模型要么必须假装这些不一致不存在，要么必须假装这些不一致已经“通过考虑所有事情的最佳方式”得到了解决。第一条路径是我最初批评的那种模型所采取的方式，第二条路径是我修正后的版本所采取的方式。欲望、义务、需要等，它们相互矛盾的可能性，实际上是相互矛盾的必然性，使得经典观念作为审慎思考的结构模型是没有什么教益的。此外，即使你通过将问题琐碎化来回避它，你仍然无法得到对作为论证结论的欲望的承诺。肯定前件式的推理根本无法从欲望和信念的联合中产生对欲求其结论的承诺。

肯定前件式推理是否适用于欲望和欲望的联合呢？这不是手段目的推理的标准主题，但这是一个值得考虑的问题。在我看来，如果你想要 p，并且想要“如果 p 则 q”，那么你就对想要 q 做出了承诺，但你可能仍然理性地想要非 q。因此，我可能想要自己变得非常富有，但作为公共政策问题，我想要对非常富有的人课以非常重的税，从逻辑上讲，这使我承诺了如下的欲望：如果我变得富有，我应该被科以非常重的税。我实际上承诺了这样

一个欲望，但同时我又不想自己被科以非常重的税。因此，我所 257
承诺的这个欲望跟我的另外一个欲望是不一致的。

四、解释欲望和信念的差异

为什么会有这些差异呢？关于欲望的什么哲学心理使得它在逻辑上与信念如此不同？不过，任何答案都必须是同义反复，而且令人失望，但无论如何，还是要解释一下。

欲望和信念都有命题内容，都有适应指向，都要表征它们的满足条件，都在某些方面表征它们的满足条件。那么，欲望和信念之间的什么差异致了它们的不同逻辑属性呢？这差异源自两个相互关联的特征：适应指向的差异和承诺的差异。信念的作用是表征“事物是怎样的”，这表征具有向下的适应指向，并且信念的持有者承诺了其真理性。信念成功地表征了事物是怎样的，或没能成功表征事物是怎样的，在这个意义上说，这信念就分别是真的或假的。欲望的作用并不是表征“事物是怎样的”，而是表征我们想要它们怎样。即使事情的结果没有变成我们想要它们成为的样子，欲望也可以成功地表征我们想要事情变成什么样子。就信念而言，命题内容将某种事态表征为实际存在。但就欲望而言，命题内容并不起表征实际事态的作用，而是表征**被欲求**的事态，这事态可以是实际存在的、不存在的、可能的、不可能的或你想要的任何东西。命题内容在行为主体觉得可取的面向上表征 258
事态。未被满足的欲望作为欲望，并没有什么问题，而未被满足的信念作为信念，却有问题，也就是说，它们为假。它们没能起到表征事物如何样的作用。欲望起到了表征我们想要事物如何样的作用，它就成功了，即使事物不是我们想要的那样，也就是说，即使在其成功的条件没有得到满足的情况下，亦是如此。粗略地说，当我的信念为假时，这是有问题的信念。当我的欲望得不到满足时，这是世界有问题。

欲望的两个逻辑特征，不一致性和不可分离性，都源于欲望的这个深层特征：欲望是在一些面向上对(可能的、实际的或不可能的)事态的倾向。在同一面向上，一个人可能倾向于或不倾向于同一事态，这一事实并不必然包含非理性；一个人在某个面向上倾向于某种事态，连同对这一事态存在之后果的知识，并不能保证：如果理性的话，这个人就会倾向于这些后果。

但如果你试图陈述关于信念的类似之处，那就行不通了。信念是在某些面向上对存在的事态的确信。但在同一面向上，人们不可能理性地确信某种事态既存在又不存在。在某一面向上，一个人确信某事态存在，连同对这事态存在之后果的知识，这确实保证了：如果这个人是理性的，那么他将确信这些后果，至少是
259 承诺了这些后果。需要强调的是，信念的这些特点源自它的两个特征：向下适应指向和承诺。如果你只有向下的适应指向，这是不够的。因此，一个人可以假设事物可能是怎样的，假设也具有向下的适应指向。但是，一个人可以一致地、理性地怀有不一致的假设，而一个人却不能一致地、理性地持有不一致的信念，这是因为信念与假设不同，尽管它们都具有向下的适应指向，但信念还具有另外一个特征，即承诺的特征。

欲望的这些特征也是具有世界向语词之适应指向的其他类型表征的特征。除了欲望而外，不一致性和不可分离性的特征也适用于需求和义务。我可以一贯地拥有不一致的需求和义务，但我不一定需要我的需求的后果，我也没有义务去实现我的义务的后果。所有这些现象的例子都不难找到：我可能需要服用某种药物来缓解一组症状，但我需要避免服用这种药物，因为它会加重另一组症状。我有义务去大学授课，但我也有义务去另一所大学讲课，因为我一年前就答应过去讲课。我需要服用阿司匹林来避免病痛，但阿司匹林会让我的胃不舒服，所以我需要避免服用阿司匹林。琼斯有义务嫁给史密斯，因为她曾许下诺言，但嫁给史密斯会让她的父母不高兴，而她没有义务让父母不高兴。顺便说一句，“义务”“需要”等，所有这些概念的指称晦暗性在文献中如此被忽视，让人感到惊讶。

在反对这种解释时，人们可能会说：“瞧，当我相信某件事 260
时，我所相信的是‘它是真的’。因此，如果我相信某件事，并且我知道除非另外的事情是真实的，否则它不可能是真的，那么我的信念和知识就必须使我承诺这另外的事情是真的。但现在为什么欲望就不一样了呢？当我想要某事物时，我想要的是某事会发生或成真，但如果我知道除非另外的事情发生或成真，否则它就不会发生或成真，那么无疑我必须承诺自己想要这另外的事情发生或成真。”但这个类比不成立。如果我想钻你的牙来填充你的龋洞，并且我知道钻牙会引起疼痛，这完全不能推断出我会对引起疼痛有任何形式的承诺，更不能推断出我对想要引起疼痛有任何承诺。对这种差别的证明非常简单：如果我没有引起疼痛，那么我的一个信念就因此是错的，但我的任何欲望都不会因此而没得到满足。

当我想要某样东西时，我只是在一定面向上想要它。“不过，当我相信某件事时，我也只是在一定面向上相信它。关于信念的句子和关于欲望的句子一样晦暗不明。”确实如此，但有一个区别：当某事物在一定面相上被欲求时，一般来说，正是这些面向使它是值得欲求的。实际上，欲望的面向和欲望的理由之间的关系与信念的情况相当不同，因为**一般来说，对欲求某事物之理由的具体说明就已经是对欲望内容的具体说明**；但一般来说，我持有信念的根据是证据，对这证据的具体说明本身并不是对信念的具体说明的一部分。相信某个命题的理由与所相信的命题之间的关系，不同于欲望之理由的内容与作为欲望之内容的命题之间的
261 关系，因为一般来说，对想要什么东西的理由的陈述，部分地陈述了一个人想要的东西。如果一个人出于某个理由而想要某样东西，那么这个理由就是欲望之内容的一部分。比如，如果我想要天上下雨以使我花园里的植物生长，那么我既想要天上下雨又想要我花园里的植物生长。如果我相信会下雨，并且我相信雨水会让我花园里的植物生长，那么我既相信会下雨，也相信我花园里的植物会生长。但这里仍然有一个至关重要的区别。如果我想要天上下雨是**为了**让我花园里的植物生长，那么我想要天上下雨的理由就是整个复杂欲望之全部内容的一部分。另一方面，我相信会下雨，并且相信雨水会让我花园里的植物生长，其理由跟气象学、天气预报的可靠性以及水分在促进植物生长中的作用等方面的大量证据有关。所有这些考虑因素都可以作为我的信念为真的

证据，但它们本身并不恰好就是那个信念的内容。但就我的欲望而言，理由的作用与证据的作用完全不同，因为理由陈述了被考虑的现象在特定面向上是值得欲求的。简而言之，理由是复杂欲望之内容的一部分。

概括地说，信念具有心灵向世界的适应指向，信念的持有者承诺这适应的真实存在，也就是说，他承诺了信念的真理性。欲望具有世界向心灵的适应指向，欲望的持有者不需要承诺欲望会得到满足。欲望的作用不是表征“事物是怎样的”，而是表征“我们想要事物怎样”。正是“对‘事物是怎样的’的承诺”这一观念完全阻挡了有意识地持有相互矛盾的信念的可能性，并且这一观念要求对一个人的信念的后果做出承诺，但当问题是我们
想要事物如何样时，就不会有这种阻挡和要求。尽管在形式上有 262
某些相似之处，但信念在逻辑特征和现象学特征上确实跟欲望截然不同。

由于这些原因，将理论理性视为对相信什么的推理，就像我们将实践理性视为对做什么的推理一样，这是一种误导性的看法。一个人应该相信什么取决于事实是什么。因此，理论推理只是关于“相信什么”的衍生性推理。理论推理主要是关于“事实是什么”的推理，即在给定某些前提的情况下，事实必定是什么。此外，我们现在可以明白，即使认为理论理性有“逻辑”，这也是一种误导性的看法。只有处理逻辑关系的逻辑，比如说，处理命题之间逻辑关系的逻辑。逻辑更多地告诉我们理论理性的理性结构，而非实践理性的理性结构，因为信念的理性约束与命题之间的逻辑关系有着密切的联系。重申一下，这种联系源于这

样一个事实：信念注定要是真的。但欲望的结构和逻辑的结构之间并不存在如此紧密的联系。因为欲望具有向上的适应指向，即使在掌握全部事实之后，我也可能并确实有相互冲突的欲望。

五、意图的一些重要特征

我一直在集中讨论欲望，但意图在一些重要方面与欲望不同。跟欲望一样，意图也具有向上的适应指向，但跟欲望不同的是，意图始终以行为主体为主题，并且具有因果自我指涉性。只有当我以实现意图的方式行动时，我的意图才得以实现。因此，
263 意图所具有的逻辑约束相当不同于欲望。拥有不一致的意图，这在逻辑上是不一致的，但拥有不一致的欲望，这在逻辑上并没有什么不一致。意图是为了因致行动，因此，如果意图不一致，它们就无法发挥作用。其他具有因果自我指涉性的动机因素，如命令和承诺，尽管它们也具有世界向心灵的适应指向，也同样禁止出现不一致。在某种程度上，说话者反思性地说“我既希望你离开，又希望你留下来”，这是可以的。但如果他同时说“离开！”和“留下！”，那他就是非理性的。如果你同时形成离开和留下来的意图，或者同时承诺离开和留下来，那么你也同样是非理性的。一个人不能一致地拥有不一致的意图，或做出不一致的承诺，或发出不一致的命令，因为意图、命令和承诺都是为了因致行动，不可能有不一致的行动。出于同样的理由，意图、命令和承诺使行为主体承诺了相信相应的行动是可能的，但不可能同时

实施两个不一致的行动。欲望和义务一般不会有这种限制条件。一个人可以有不一致的愿望，也可能承担不一致的义务。

这个特征是否给我们提供了分离原则适用于意图的可能性？如果我意图做 p 并且我相信“如果 p 则 q”，我就承诺了意图做 q 吗？我认为并非如此；然而，这个问题比乍一看要更加棘手，因为它与康德的著名原则联系在一起，所以我现在转向对康德的讨论。

六、“意欲目的者意欲手段”

对实践理性逻辑的讨论，至少要提到康德的著名原则，即意 264
欲目的者意欲手段，否则任何这样的讨论都不算完整。康德为我们提供了实践理性的演绎逻辑原则吗？也就是说，至少在手段 M 是达到目的 E 的必要条件的情况下，“我意欲目的 E”这一陈述在逻辑上使我承诺了“我意欲手段 M”吗？在 q 是 p 的逻辑结果的情况下，这是否类似于“我相信 p”就让我承诺“我相信 q”呢？

不过，这完全取决于我们所说的“意欲”是什么意思。按照完全自然的理解，这个原则就是错的，其理由我之前已经说过了。如果“意欲”指的是我有非常强烈的欲望或赞同态度，即对我有能力从事的某种未来行动的方式抱有非常强烈的欲望或赞同态度，那么当我意欲目的时，我在逻辑上就承诺了意欲其手段，这根本就不是事实。正如我之前所表明的，也许由于某种原因，这种手段是不可能采用的。我非常想要消除我的流感症状，但快速消除症状的唯一方式就是自杀，目前还没有已知的快速治疗方法，尽管如此，但我并不会承诺意欲去自杀。

因此，如果我们将“意欲”理解为欲望，康德原则的结果是错的。但假设我们将“意欲”理解为意图，包括在先意图和行动中意图。假设我有做 E 的在先意图，并且我相信做 M 是做 E 的必要条件。我就会承诺做 M 的意图吗？在我看来，我们需要区分承诺去做我知道会涉及做 M 的事情与承诺有意地去做 M。简单地说，我意图做 E，并且我知道做 E 必然涉及做 M，从这个事实可以得出：我承诺有意地做会涉及 M 的事情。但我根本不需要因
265 此对有意地做 M 有任何承诺。因此，考虑一下我们之前的例子，即我意图给你镶牙。我们的前提有：

意图（我给你镶牙）。

信念（如果我给你镶牙，那么我使你疼痛）。

但我并不因此就承诺了其结论。

意图（我使你疼痛）。

某个意图使我承诺采取某种行动方式，但它并不使我承诺去做我所知道的实现最初意图所涉及的全部事情。因此，我有实现 p 的意图，并且我相信“如果 p 则 q”，这个事实并不会使我承诺怀有去实现 q 的意图。使用上面的例子，对这个主张的论证是，当我使你疼痛时，我不是有意要这样做，它只是我有意的行为的副产品而已。反过来说，支持这一点的论证是，使得你疼痛并不是我的意图的满足条件的一部分，也不是我的意图的满足条件所隐含的，因为如果我没有使得你疼痛，我努力做的事情并没有因

此而未做成。当我给你镶牙时，我可能坚定地相信给你镶牙会使得你疼痛，但我并没有因此就承诺我有使你疼痛的意图。如果我们问什么算作成功或失败，我们就会得到结论性的证明。如果我没有使得你疼痛，我最初的意图并没有失败；反而是我的一个信念被证明是错的。因此，一般情况下，在怀有达到目的之意图的意义上说，意欲目的任何人，都会因此而意欲他所知道的作为实现其意图之组成部分而发生的一切事情，这完全不是事实。

然而，有一类情形让康德的原则是正确的。假设我有给你镶 266
牙的行动中意图，并且假设我也有这样的信念：给你镶牙的必要条件是我**有意地**给你钻牙。这种情形不同于前面的情形，因为给你钻牙不是给你镶牙的附带部分，而使你疼痛却是给你镶牙的附带部分。确切地说，给你钻牙是为了实现最初的意图而必须打算去做的**手段**。因此，对康德的原则有一种自然的理解，结果这原则是正确的，这种理解如下：

> 如果我意图达到目的 E，并且我知道为了达到 E 我必须有意地做 M，那么我就承诺了意图做 M。在我看来，在这个意义上说，“意欲目的者”确实承诺了意欲其手段。

七、结论

从这个讨论得到的教益可以陈述得相当简短。演绎逻辑处理命题、谓词、集合等之间的逻辑关系。从严格意义上讲，不存在实践理性的演绎逻辑这种东西，但从严格意义上讲，也不存在理论理性的演绎逻辑这种东西。因为承诺和信念的适应指向相结合，有可能将理论理性中出现的逻辑关系映现到实践理性中不可能有的演绎逻辑上。为什么有这种差异？欲望在两个重要方面不同于信念。欲望具有向上的适应指向，持有某个信念的人会承诺这信念的真理性，而怀有某个欲望的人不会以这种方式承诺这欲
267 望的满足。这使得欲望具有我们前面所指出的两个特征：欲望的不一致的必然性和欲望的不可分离性。意图有点像信念，因为它们确实涉及对意图之满足的承诺。尽管如此，有某个意图的人，并不会承诺有意图去实现他的意图实现的所有后果。他只是承诺了意图为实现其目的所必不可少的那些手段。由于这些原因，即使在我们觉得理论理性的演绎逻辑有可能存在的有限意义上，也不会有“实践理性的演绎逻辑”。

第九章　意识、自由行动和大脑

一、意识和大脑

本书大量内容都是在讨论间隙及其对理性研究的影响。间隙是人类意识的一个特征，从这个意义上说，这本书是关于意识的著作。间隙是自愿行动之意识的特征，这些行为因此而被经验为没有充分的心理因致条件来决定它们。说他们至少在心理上是自由的，其部分意思就在于此。毫无疑问，间隙在心理上是真实的，但在经验上也是真实的吗？它在神经生物学上是真实的吗？如果人类自由真的存在，它一定是大脑功能的一个特征。本章的目的是把对自愿的意识或自由行动的意识的解释置于一般意识的解释之中，进而把这解释置于对大脑功能的解释之中。

因为我们即将开始讨论一个传统的哲学问

题，所以最好退后一步，问问为什么我们仍然有这种问题。我在
270 第一章说过，当我们在两种明显不一致的观点之间发生冲突，而我们又觉得无法放弃其中任何一种观点时，通常就会出现这样的问题。在这种情况下，对自由意志的信念是以我们对间隙的意识经验为基础的，但我们还有一个根本的形而上学假设，即宇宙是一个完全由物理定律决定的封闭物理系统。怎么办？第一件需要注意的事情是，在量子力学层面上，最基本的物理定律并不是确定性的。第二件需要注意的事情是，物理定律实际上并不能决定任何事情。这些定律是一组描述各种物理量之间关系的陈述，有时这些陈述描述了特定情况下的因果充分条件，有时则不然。第三件需要注意的事情是，宇宙是一个封闭的物理系统这一断言，就其真的具有明确的意义而言，是几个世纪以来我们通过规定使其为真的一个命题。一旦我们认为某种东西在经验世界中确实存在，而且我们认为我们对它有哪怕是一丁点儿的理解，我们就会说它是“物理的”。作为现实世界的一部分，意识、意向性和理性都是“物理的”现象，就像其他任何事物一样。这样的反思并不能解决我们的问题，但却能引导我们以不那么受限制的方式来思考这个问题。让我们先来问问意识是如何跟“物理”宇宙融为一体的。

在过去 10 年左右的时间里，一些关于意识及其与大脑之关系的观念不断出现，并在哲学和神经科学中得到越来越广泛的接受。它与传统意义上的二元论和唯物论之间有着深刻的对立。它
271 尤其反对下面这些关于的意识的观念：试图否认“意识状态具有不可还原的主观性”的观念，或试图将意识还原为行为、计算机

程序或系统功能状态的观念。这种关于意识的观念正变得越来越广泛地被接受，但仍然存在争议。

意识是一种真实的生物现象。就是这样的。它由内在的、质性的、主观的、统一的感觉、认识、思维和情感状态组成。当我们早上从无梦的睡眠中醒来时，这些状态就开始了，并且持续一整天，直到我们再进入无意识状态。根据这种解释，梦是一种意识形式，尽管它们在许多方面与正常的清醒意识不同。根据这种观念，在我现在要进行解释的意义上，意识的关键特征是它的质性、主观性的和统一性。对于每一种意识状态，都有对它的质性的感觉。处于那种类型的状态中有某种它所像是的东西，或某种它感觉起来所像是的东西。这对于思维来说，比如 2 加 2 等于 4 的思维，就如啤酒的味道、玫瑰的气味或看到蓝色天空的景象一样，都有质性的感觉。在我正尝试加以解释的意义上来说，所有意识状态，无论是知觉还是思维过程，都是质性的。此外，它们只有在被人类主体或动物主体经验到时才存在，在这个意义上说，它们是主观的。它们还有另外一个值得强调的特征：有意识的经验，比如啤酒的味道或玫瑰的气味，总是作为意识统一场的一部分而出现。比如说，我现在不是只感受到背上衬衫的压力、口中咖啡的余味和眼前电脑屏幕的景象，而是所有这些都是一个意识统一场的一部分。

如此界定的意识与大脑过程之间的关系是什么？你会认为这 272
是传统的身心问题。我相信，从其哲学形式(可惜不是神经生物学形式)来看，身心问题有一个相当简单的解决方案。这就是：我们所有的意识状态都是由大脑中低层的神经元过程所因致的，它们本身就是大脑的特征。在疼痛的情形中你可以很明显地看到这一点。我当下的疼痛是由一系列神经元放电引起的，这些神经元放电从外周神经末梢开始，向上延伸到脊柱，穿过背外侧束，进入丘脑和大脑的其他基底区域。其中一些扩散到感觉皮层，尤其是第一感觉区，最终这一串神经元过程导致我感到疼痛。疼痛是什么？疼痛本身只是大脑的高层特征或系统特征。在整个意识领域中，对疼痛的主观的、质性的体验是由大脑和中枢神经系统其余部分的神经生物过程所因致的，它们本身是意识统一场的要素，是构成人类大脑的神经元和其他细胞的系统的特征。

因致这些意识经验的神经元过程到底是什么？目前我们还不知道这个问题的答案。我们正在取得一些进展，但进展缓慢。据我所知，目前至少有两种解决意识问题的一般性路径，为了进入本次讨论的主题，我必须稍微分别说一下这两种路径。我将第一种路径称为“积木式路径”。这种路径的想法是，我们的意识场
273 由一系列独立的组成部分构成，这些独立的组成部分就是单个的意识经验。这些组成部分构成了整个意识场，就像房子的组成部分构成了房子一样。积木式研究计划背后的假设是，如果我们能够准确地发现哪怕是一块积木是如何发挥作用的，比如，我们是如何在视觉上经验到红色的，那么我们就有可能找到解决整个意识问题的钥匙，因为关于红色的意识经验的产生机制可能与关于声音或味道的经验的产生机制相似。这个想法是，找出单个感官经验的意识相关神经物，然后从中归纳出意识的普遍性解释。

我认为积木式路径是错的，其原因我已在别的地方尝试给出

解释[1]。每块“积木”只是出现在已经有意识的主体中。比如，我不相信我们可以通过试图发现产生红色经验的机制来发现产生意识的机制，因为只有**已经有**意识的主体才能拥有红色的经验。积木式路径可以预测，在一个本来没有意识的主体身上，如果你能产生一块“积木”的意识相关神经物，比如说，红色经验的意识相关神经物，那么这个主体的脑中就会突然闪过红色，而不会有其他意识状态。这是一个可能的经验假设，但在我看来，鉴于我们对大脑如何工作的了解，这是不太可能的。在我看来，更加可能的是，如果我们能够发现无意识的大脑与有意识的大脑在神经生理行为上的区别，我们就会开始理解大脑是如何引起意识
的。我们真正想知道的是，主体一开始是如何变得有意识的？一 274
旦主体是有意识的，特定的经验就会被引起，从而改变现有的意识统一场。

还有另一条研究路径，我称为“统一场路径”。我们不是将意识视为由一系列小砖块、一系列积木构成，而是应该认真对待我之前提到的统一性，把整个意识领域看作一个统一体。单个的知觉输入，我们不应该将其看作在**创造**意识，而应该看作在改变事先存在的意识。比如说，根据这种解释，我们不是要寻找红色经验的意识相关神经物，而是应该尝试找出有意识的大脑与无意识的大脑之间的差异。

根据我所提出的解释，我所谈及的质性、主观性和统一性这三个特征，并不是三个不同的特征，而是同一特征的不同面向。

---

[1] John Searle, “Consciousness,” *Annual Review of Neuroscience*, 2000, vol. 23, pp. 557-578.

一旦一个特征在我所解释的意义上是质性的，它就一定是主观的，因为我们正在谈论的质性概念是某个主体所经验的某种东西。一旦有主观的、质性的经验，它们就必然是统一的。你可以通过思想实验再次看到这一点。如果你想象你当下的意识状态破裂成了17块，那么你并不是在想象一个意识场，这个意识场由17个部分组成，而是在想象17个不同的意识场。质性、主观性和统一性，并不是不同的特征，相反，它们都是一个特征的不同面向，而这个特征正好是意识的本质。

275

二、意识与自愿行动

当我们探索意识场的特征时，我们发现了一个引人注目的事实。知觉经验的质性特征和自愿行为的质性特征之间存在着惊人的巨大差异。就知觉经验而言，我是经验的被动接受者，这个经验是由外部环境所因致的。因此，举例来说，如果我把手举到我的面前，我是否看到一只手并不取决于我自己。知觉器官和外部刺激本身就足以使我产生我的手在我面前的视觉经验。在这个问题上，我没有选择权；这原因足以产生这个经验。

另一方面，如果我决定将右手举过头顶，这完全取决于我自己。是举起右手还是左手，每只手举多高，等等，这都取决于我自己。自愿行动的意识感受完全不同于知觉的意识感受。当然，我并不是说知觉中完全没有自愿的因素。我认为知觉中有自愿的因素。例如，在格式塔转换的例子中，人们可以随意将自己的知觉从鸭子转换到兔子，然后再转换回来。在此，我只想提请大家注意自愿行动的某些显著特征，这些特征与知觉经验的特征截然不同。

我们一直在讨论的间隙只出现在自愿行动中。首先，在做出决定的理由与决定之间存在间隙；其次，在决定与决定的执行之间存在间隙；最后，在开始行动与行动持续到完成之间存在间隙。归根结底，我认为这三种间隙是同一现象的表现形式，因为 276
这三种间隙都是自愿意识的表现形式。

正如我们在第三章所看到的，行为主体自愿基于某个理由而行动，对这种人类行为的解释，在逻辑结构上要求我们设定一个不可还原的自我。现在，我们可以在这个纯形式的自我概念上再加上一点，那就是这样解释的自我需要有意识统一场。我们必须设定一个自我，才能使得自由的理性行为现象是可理解的。但这样设定出的自我需要一个意识统一场。自我并不等同于意识场，但自我基于理由而做出决定，并采取行动执行这些决定，这种活动就需要一个意识统一场，其中既包含知觉和记忆之类的认知因素，也包含审慎思考和行动之类的意志因素。这是为什么呢？如果你试图把心灵想象成休谟式的一束束没有联系的知觉，那么自我就不可能在知觉束中活动。为了让自我在做决定时发挥作用，对于知觉束中的不同要素，你都必须有不同的自我。

三、自由意志

我现在想要将我们目前为止学到的经验教训应用到对意志自

由这一传统问题的讨论中。毫无疑问，“自由意志”和“决定论”有许多不同的含义。但在这个讨论中，意志自由的问题出现在意识场中我们经验到间隙的那些部分。这就是传统上被称为“意志”的情形。毫无疑问，我们有那种我一直称为间隙经验的经
277 验；也就是说，我们会以这样的方式经验到我们自己正常的自愿行动，即我们会感觉到行动的其他可能性是向我们开放的，并且我们会感觉到先于行动的心理条件不足以决定这行动。请注意，根据这种解释，只有对意识来说才会产生自由意志的问题，并且只有对自愿意识或主动意识来说才会产生自由意志的问题；对知觉意识来说不会产生自由意志的问题。

那么确切地说，什么是意志自由的问题呢？自由意志通常被看作与决定论相对立的。关于行动的决定论命题是，每个行动都是由在先的充分因致条件所决定的。对每个行动而言，在相应背景中，行动的因致条件足以产生相应的行动。因此，就行动而言，任何事情的发生方式都不可能与实际的发生方式不同。自由意志的命题有时被称作“自由意志主义”，它声称至少有些行动的在先因致条件在因果关系上不足以产生相应的行动。尽管行动确实发生了，而且确实有其发生的理由，尽管如此，给定行动之前的相同因致条件，行为主体还是可以做另外的事情。

关于自由意志论题，当代最广泛持有的观点被称作“相容论”。如果我们正确理解这些术语，相容论者的观点就是意志自由与决定论是完全相容的。说某个行动是被决定的，这只是说它像其他任何事件一样有原因；说它是自由的，这只是说它是由一定种类的原因所决定的，而不是由其他原因所决定的。因此，如

果有人用枪指着我的头，让我举起手臂，我的行动就不是自由
的；但如果我以投票的方式举起手臂，正如我们说“自由地”或 278
“出于我自己的自由意志”而举起手臂，那么我的行动就是自由的。尽管在这两种情况下，无论是投票还是有人用枪指着我的头，我的行动都完全是因果地被决定的。

我认为相容论完全没有领会自由意志问题的关键。正如我对它所作的界定，自由意志主义与决定论肯定是矛盾的。再说一遍，决定论者是说：“每个行动之前都有决定这个行动的充分因致条件。”而自由主义者则否定这一点：“对于某些行动而言，在先的因致条件不足以决定相应的行动。”

我认为，在“自由”和“被决定”的某个意义上说，相容论无疑是正确的。比如，当人们在街上游行，挥舞着要求“自由”的标语时，他们通常对物理定律不太感兴趣。他们通常想要政府减少对他们行动的限制，或诸如此类；他们也不关心他们行动的在先因致条件。但这种意义上的“自由”，它意味着没有外在限制，这与我所说的意志自由问题不相干。我想不出有什么关于自由意志的有趣哲学问题能让相容论提供实质性的答案。

在我看来，我们获得了意志自由的坚定信念，这是因为有关于间隙的经验。因此，意志自由的问题可以这样提出：与这些经验相对应的实在是什么？既然我们经验到我们的行动并没有在先的、心理上的充分因致条件，那么我们为什么要认真对待这个心理事实呢？尽管心理层面本身在因果关系上不能充分决定相应的行动，心理的神经生物基础也不可能在因果关系上充分决定相应
的行动吗？难道就没有决定行为的无意识的心理原因吗？即便承 279

认了间隙的心理实在，我们仍然留下了自由意志的问题。自由意志问题到底是什么问题？我们究竟要如何来着手解决它？

为了让问题完全清晰，请看下面这个例子。假设在时间 t_1，在我面前的桌子上有两杯可供选择的红酒，一杯是勃艮第红酒，一杯是波尔多红酒。假设我觉得这两杯红酒都很诱人，10 秒钟后，在时间 t_2，我决定选择勃艮第红酒，并伸手从桌子上端起红酒，喝了一口。我们称为行为 A，并且我们假设该行为从时间 t_2 开始，持续几秒钟直到时间 t_3。为简单起见，我们假设从做出决定到执行决定之间没有心理上的时间间隔。我在 t_2 时刻决定喝勃艮第红酒那一刻，“行动中意图”就开始了，并且我伸手去拿酒杯。（当然，在实时的状态下，我的“行动中意图”开始与实际的肌肉运动开始之间有大约 200 毫秒的时间间隔）我们还假设这是一个有间隙的自愿行动：我没有被强迫性观念或其他决定这行动的充分原因所控制。我们将简单地规定，在这个例子中，没有充足的无意识的心理原因来决定这行动。我的行为是自由的，因为对我起作用的心理原因，无论是有意识的还是无意识的，都不足以决定行为 A。这到底意味着什么？至少是这样：对在 t_1 时刻对我起作用的所有心理原因及其所有因果力量进行详细说明，包括对与这个例子相关的任何心理规律的详细说明，**在任何描述下**，这些说明都不足以蕴含我会实施行为 A。它们不仅不会蕴含
280 “我会选择勃艮第红酒”，而且也不会蕴含“这只手臂会朝这个方向移动，这些手指会环绕这个物体”。在这方面，t_1 时刻的心理原因与标准的物理原因不同。如果我伸手去拿勃艮第红酒时，不小心把桌上的空杯子碰掉了，那么在这杯子被碰到的那一刻，对

作用于杯子的原因进行描述，这描述就能充分表明杯子会掉到地板上。

我之前说过，所有这些心理过程都是由大脑引起并在大脑中实现的。因此，在 t_1 时刻，我对两杯红酒的有意识知觉，以及我对它们相对优劣的有意识思考，都是由大脑中的低层神经生物过程所引起，并在大脑结构中实现的。现在的问题是：假设大脑没有任何进一步的输入，比如没有任何进一步的知觉输入大脑，那么在 t_1 时刻发生在我体内的神经生物过程在因果关系上是否能充分决定我的大脑在 t_2 时刻的整体状态呢？我的大脑在 t_2 时刻的总体状态是否能充分因致 t_2 时刻和 t_3 时刻之间大脑过程的持续状态呢？如果是这样的话，那么对行为 A 就有一个描述，在这个描述下，行为 A 具有在先的充分因致条件，因为我的大脑在 t_2 时刻的状态是神经递质因致肌肉收缩的开始，而肌肉收缩构成了行为 A 的身体运动，并且从 t_2 时刻到 t_3 时刻的持续过程足以因致肌肉收缩状态的持续，直至在 t_3 时刻完成行动。意志自由的问题就归结为：假设没有任何进一步的相关外部刺激进入大脑，那么从神经生物学的角度来说，t_1 时刻的大脑状态在因果关系上是否足以决定 t_2 时刻的大脑状态，t_2 时刻的大脑状态是否足以将其延续到 t_3 时刻？**对于这个例子和所有其他相关的类似情况而言，如果这些问题的答案都是肯定的，那么我们就没有自由意志。**心理上真实的间隙没有任何神经生物层面的实在与之对应，意志自由只是一 281
个巨大的幻觉。**如果这些问题的答案是否定的，那么鉴于对意识作用的某些假设，我们就确实拥有自由意志。**

那么我们为什么要将一切都归结于此呢？因为 t_2 时刻的大脑

状态足以让那行动的肌肉开始运动，而从 t_2 时刻到 t_3 时刻的大脑状态足以让肌肉运动持续到那行动完成。一旦乙酰胆碱进入运动神经元的轴突终板，那么假定其他生理器官都功能正常，肌肉就会直接靠因果必然性而运动起来。前两个间隙发生在肌肉运动开始之前，第三个间隙发生在行动开始与行动持续到完成之间。间隙是一种真实的心理现象，但如果它是一种对世界起作用的真实现象，那么它必须有神经生物层面的相关物。作为一个神经生物学问题，“间隙”的现实性可归结为：大脑从 t_1 时刻到 t_3 时刻的状态足以让每个状态都能靠充分的因致条件而决定下一个状态吗？意志自由问题直截了当地是一个神经生物学的问题，它涉及某些种类的意识与神经生物过程的关系。如果说这还是一个有趣的问题的话，那么它就是一个科学问题，即关于某些种类的有意识行为的因果关系问题。我现在打算仔细研究一下这个问题，力求弄清它的真相。

四、假设 1：随同神经生物决定论的心理自由意志主义

首先，我们必须提醒自己我们目前所知道的一切。我们所有
282 的意识状态都是由大脑中自下而上的神经生物过程所因致的。它们本身可以因致随后的意识状态或身体运动，因为它们是以神经生物过程为基础的。因此，在没有间隙的情况下，顶层随时间变化的左右因果关系与底层随时间变化的左右因果关系完全匹配。例如，我的行动中意图是由大脑中低层的过程所因致的。它继而

又因致我的手臂上升。因致“行动中意图”的神经生物过程继而因致一系列生理变化，这些生理变化因致并实现我的手臂的运动。这些关系在任何具有真实因果描述层级的系统中都很典型。因此，汽车发动机也具有同样的一组形式关系。这些关系不会导致任何副现象论。行动中意图就像活塞的固体性一样，在因果关系上是真实的。此外，这里不存在因果关系上的过度决定。我们谈论的不是独立的因果序列，而是在不同层次上描述的同一的因果序列。汽车发动机的类比可再次完美地发挥作用。我们可以在分子层面描述其因果关系，也可以在活塞和气缸层面描述其因果关系。这些都不是独立的因果序列，而是在不同层次上描述的同一因果序列。

在早先的著作[1]中，我曾把构成自愿行动的这些关系表述为一个平行四边形，它看起来就像这样：

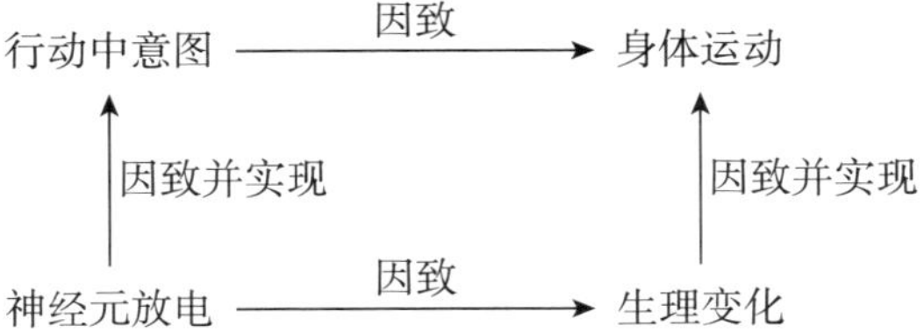

在顶层，行动中意图因致身体运动，在底层，神经元放电因 283
致生理变化，在每一个点上，底层状态都因致并实现顶层状态。如图所示，整个结构在每个阶段都是决定论的。

在有间隙的情况下，比如说，当我经过审慎思考然后做出决

〔1〕 John R. Searle, *Intentionality: An Essay in the Philosophy of Mind*, New York: Cambridge University Press, 1983, p. 270.

定时，这又如何呢？在我看来，至少有两种可能性。第一种可能性(假设1)是这样的：心理层面的不确定性与神经生物层面的完全决定论的系统相匹配。因此，尽管我们有行动的理由与做出决定之间的心理间隙，但在神经生物层面，在以信念和欲望的形式实现行动理由的神经生理过程与随后实现做出决定的神经生理过程之间，我们没有任何间隙。它看起来像这样：

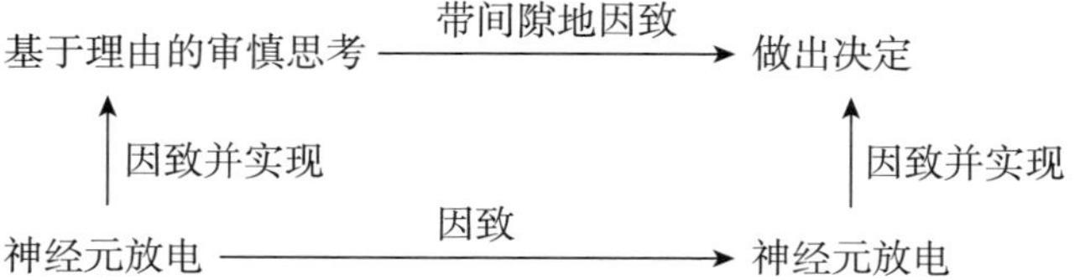

在这种情况下，间隙在自愿行动的平行四边形和认知的平行四边形之间出现了非对称性。如果你将决定和行动与记忆进行对比，你就能明白这一点。假设我看到一个突如其来的场景，比如说一场车祸，然后我就记住了我所看到的那场车祸。我有一个心理事件，即知觉经验，而这个心理事件是我回忆起我看到的事故这个后续心理事件的充分因致基础。但我们知道，所有这一切之所以成为可能，是因为我们在神经生物层面拥有一连串充分的因
284 致条件。从神经生物学的角度来说，实际的感知足以在短期和长期记忆中留下记忆痕迹，从而让我记住这个心理事件。也就是说，就认知而言，比如知觉和记忆的关系，在顶层或心理层面的充分条件与底层或神经生理层面的充分条件是匹配的。你会得到一个完美的平行四边形。对于意愿来说，与认知相反，你不会得到这种平行四边形。就意愿而言，心理上的不确定性与神经生物层面的决定论是同时存在的。

如果这就是自然界的运作方式，那么我们就会有一种相容论。心理上的自由意志主义与神经生物层面的决定论就有可能是相容的。尽管心理过程本身是由低层的神经元过程所因致的，但它们仍然不是随后的意向性行动之心理事件的充分因致条件。在 t_1 时刻，我决定喝哪杯酒的心理过程，完全是由低层神经元过程通过自下而上的因果关系来因致性地决定的。在 t_2 时刻我决定选择勃艮第红酒。这个决定也同样完全是靠自下而上的因果关系来决定的，尽管在心理层面我对理由的思考与我做出决定之间存在间隙。从 t_2 时刻到 t_3 时刻，行为 A 的肌肉运动部分，即我把酒拿在手中并送到嘴里，是由神经生物过程、自下而上的因果关系所因致的，尽管行动的开始与它持续到完成之间同样有心理层面的间隙。因此，我们有心理层面的间隙，但在神经生物层面和心理层面之间没有自下而上的因果关系形式的间隙，在神经生物层 285
面，系统的任何状态和系统的下一个状态之间也没有间隙。这会给我们带来生理决定论与心理自由意志主义。[1]

然而，这个结果在理智上是非常令人不满意的，一言以蔽之，因为它是副现象论的一种修正形式。它认为做出理性决定的心理过程并不重要。整个系统在底层是决定论的，而在其顶层有自由因素的观念只是一种系统性的幻觉。在我看来，在 t_1 时刻，我可以在勃艮第红酒和波尔多红酒之间做选择，对我起作用的原因不足以决定我的选择。但我错了。我的大脑在 t_1 时刻的整体状态完全足以决定从 t_1 时刻到 t_2 时刻再到 t_3 时刻的一切身体运动和

---

〔1〕 我说过这是一种相容论，但它不同于传统的相容论，因为传统的相容论在每个层面都假设了决定论。这个版本的相容论假设了心理上的非决定论和神经生物过程的决定论。

一切思维过程。如果假设 1 是正确的，那么一切肌肉运动以及一切有意识的思维，包括对间隙的有意识经验，即“自由地”做决定的经验，都是完全预先设定好的；关于更高层面上的心理非决定论，我们唯一能说的就是，它给了我们一种关于自由意志的系统性幻觉。这个论点在这方面是副现象论的：我们的意识生活、理性地做决定和执行决定都有一个特征，即我们经验到间隙，我们经验到这些过程对我们的行为产生了因致作用，但事实上它们并没有起到任何作用。无论这些过程如何出现在脑海中，身体运动都完全是一样的。

286 或许结果会是这样，但如果是这样的话，在我看来，这个假设违背了我们关于生物进化的一切知识。它的后果会是，人类和动物有意识地做理性决定的系统无比精细、复杂、灵敏，而且最重要的是这系统在生物学上的代价高昂，但实际上它对生物体的生活和生存不起任何作用。副现象论是一种可能的理论，但它绝对令人难以置信，如果我们当真接受它，它将改变我们的世界观，即改变我们对我们与世界之关系的观念，这种改变比以往的任何改变，包括哥白尼革命、爱因斯坦相对论和量子力学所带来的改变，都要更加彻底。

为什么假设 1 会使意识变得比物理系统的其他任何较高层面的特征更加副现象化呢？毕竟，汽车发动机活塞的固体性完全可以用分子的行为来解释，但这并不会使固体性成为副现象。区别是这样的：固体性的基本特征对发动机的性能很重要，但有意识地做决定的基本特征，即关于间隙的经验，对行为主体的表现却毫不重要。无论关于间隙的经验如何，身体运动都会是一样的。

五、假设 2：具有意识和不确定性的系统因果关系

根据另外一种观点(假设 2)，在心理层面缺乏充分因致条件
的同时，与之相配的是在神经生物层面也缺乏充分的因致条件。
但这会意味着什么呢？关于这种假设的示意图应是什么样的呢？ 287
在我看来，我们此时此刻必须批判性地审视我们的图式描述中的
假设，以及“自下而上”“自上而下”“描述层次”等隐喻。我
认为它们在现阶段将被证明是不适当的。问题是这样的：“意识
是大脑的高层特征或表层特征”，这一观念给了我们一副关于意
识的画面：意识就像是桌子表面的涂层。这样一来，“自上而下”
和“自下而上”的因果关系问题就成了一个向上伸展或向下伸展
的问题。所有这些都是错误的。意识不在大脑的表层，就如流动
性不在水面一样。我们试图表达的意思反而是，意识是一种**系统
特征**。它是整个系统的一种特征，它确实存在于系统的所有相关
位置，就像玻璃杯中的水整个都是液态一样。意识不是存在于单
个突触中，就像流动性不是存在于单个分子中一样。因此，我们
在示意图中所描述的不同层面的平行运动的画面是错误的。整个
系统是同时运动的。如果我们相信我们关于自由的有意识经验并
非完全是一种幻觉，那么我们就必须假设：整个系统都在朝着做出
决定的方向前进，并朝着将决定落实到实际行动的方向前进；顶层
的有意识的理性自始至终实现在整个系统之中，这意味着整个系统
的运动方式是因果性的，但并不是基于充分的因致条件而运动的。

要想知道间隙在神经生物系统中会如何发挥作用，我们就必须清楚它在有意识的心理中是如何发挥作用的。就有意识的理性
288 而言，没有任何东西填充间隙。人们只不过是下定决心，然后只不过是行动。这些事实是可理解的，仅当我们假定存在一个有意识的理性主体，这个行为主体能够思考自己的理由，然后根据这些理由来行动。我不愿使用传统的术语，但我在前面已经论证过，这种假定等同于假定一个自我。只有假定存在一个有意识的自我，我们才能理解理性的、自由的、有意识的行动。但只有相对于主观性的意识统一场这一事实，这种假定才讲得通。你不能仅仅用休谟式的一束束没有联系的知觉来解释理性的自我。因此，第二个假设并不是让你将心理层面的不确定性和神经生物层面的确定性分裂开来，而是说整个系统作为一个有意识的、理性的系统同时前进，就其第三人称本体论而言，它完全由神经生物层面的要素组成；缺乏因果关系上的充分条件，也不是只在心理层面，而是遍布整个系统。如果我们反思一下，我们的强烈欲望在神经元的层面停止了，这仅仅是一种偏见，那么我们就不会觉得那么令人困惑了。如果我们继续深入量子力学层面，那么我们缺乏因果关系上的充分条件，似乎也就不那么令人惊奇了。

斯佩里(Sperry)在某个地方使用了一个“自上而下”因果关系的例子，我曾经认为这个例子没有说服力，但现在看来却很有启发性。想一下正在旋转的车轮中的一个分子。车轮的整体结构及其作为车轮的运动决定了分子的运动，尽管车轮是由这样的分子组成的。适用于一个分子的情况也适用于所有分子。尽管车轮系统完全是由分子组成的，但每个分子的运动都会受到这个系统

的影响。对此，正确的思考方式与其说是“自上而下”的因果关系，不如说是系统因果关系。系统作为一个系统，对每个要素都有因致效应，尽管系统是由要素组成的。那么与此类似，根据假设2，系统作为一个有意识的系统可以对单个要素产生影响，对神经元和突触产生影响，尽管这个系统是由它们组成的。液体中的每个分子都会受到系统的流动性的影响，尽管这个系统中只有分子而没有其他东西。固体中的每个分子都会受到系统的固体性的影响，尽管这个系统中只有分子而没有其他东西。与此相似，在有意识的大脑中，系统有意识部分的每个神经元都可能受到大脑意识的影响，尽管大脑中只有神经元(包括神经胶质细胞和其他细胞)而没有其他东西。 289

因此，如果假设2是正确的，我们就必须假设系统所具有的意识会对系统的要素产生影响，尽管系统是由要素构成的，就像车轮的固体性会对分子产生影响一样，尽管车轮是由分子构成的。到此为止，一切都还不错，但车轮的系统因果关系与有意识的大脑的系统因果关系之间的类比，在此就失灵了：车轮的行为完全是被决定的，但根据假设2，有意识的大脑的行为却不是被决定的。怎么会这样呢？神经生物过程在这样的假设下究竟会如何运作呢？我不知道这个问题的答案，但令我印象深刻的事实是，神经生物学中的许多解释并没有假定在先的充分因致条件。因此，举一个著名的例子，戴克、沙伊德、科恩胡贝尔和李贝特[1] 290

---

[1] L. Deecke, P. Scheid, H. H. Kornhuber, “Distribution of readiness potential, pre-motion positivity and motor potential of the human cerebral cortex preceding voluntary finger movements,” *Experimental Brain Research*, vol. 7, 1969, pp. 158-168; B. Libet, “Do We Have Free Will?” *Journal of Consciousness Studies*, 6, no. 8-9, 1999, pp. 47-57.

所讨论的准备电位在因果关系上就是不足以决定随后的行动的，利贝特在讨论意识如何可能干预准备电位的活动时强调了这一点。矛盾的是，这些实验有时被当作在某种程度上反对这些情形中意志自由的证据。在我看来，这些数据并不意味着这个结论，现在我要稍微偏离主题来描述一下这个问题。

实验的情况是这样的。受试者形成了一个有意识的在先意图，即时不时地动一下自己的手指（或弹一下自己的手腕）或诸如此类的动作。这是一个自由的、有意识的决定。在此基础上，他确实时不时有意识地动一下自己的手指，而在每次动手指之前，大脑都会以准备电位的形式激活，准备电位的激活可从头皮上来进行记录。在这种情况下，准备电位比有意识地觉察到行动中意图的时间早约 350 毫秒。这怎么会对自由意志构成威胁呢？利贝特在描述这种情况时有些回避问题，他说："自由自愿的行动的启动似乎是在大脑中无意识地开始的，远远早于人有意识地知道自己想要行动。"[1] "启动"和"知道自己想要行动"这样的表述可能是误导性的。可以用另一种方式来描述这种情形：受试者有意识地采取一种动手指的方式，因此当他做出这一决定时，他
291 就知道自己想要做出哪种行为。在有意识地启动动作之前，大脑会无意识地为每个动作做好准备。据我所知，没有人认为大脑的激活与之前的有意识决定无关；也没有人认为大脑激活是决定随后自愿的手指动作的充分原因。李贝特的描述容易被解释为准备电位标志着动作的开始。但这是不正确的。从准备电位到行动中

〔1〕 B. Libet, "Do We Have Free Will?" *Journal of Consciousness Studies*, 6, no. 8-9, 1999, p. 51.

意图的开始之间通常有大约 350 毫秒的时间，而从行动中意图的开始到身体动作开始之间通常又有 200 毫秒的时间。无论如何，就我们从可获得的数据所知，准备电位的出现在因果关系上对于行动的实施是不充分的。据我所知，我们对整个意向性行动的神经生物学还没有足够的知识，因此无法对准备电位在行动因果关系中的作用形成完整的理论。但认为准备电位的存在在任何意义上表明了我们没有自由意志，这似乎显然为时过早。

更有趣的情况是，在受试者意识到任何做动作的行动中意图之前，身体实际上已经开始动作。著名的例子是，赛跑者在能有意识地听到发令枪响之前就已经开始起跑了，网球手在能有意识地在视觉系统中记录球的飞行之前，身体就已开始朝迎面而来的球移动。在这两种情况下，身体实际上都是在受试者有意识地觉察到触发运动的刺激之前就已开始运动了。然而，在每种情况下我们都是自由自愿地行动，这个看法并不会受到这两种情况的任何威胁。在这两种情况下，受试者经过反复培训和练习，已经建立起完善的神经通路，这些神经通路在意识开始之前就已经被知 292
觉刺激激活。粗略地说，受试者是在按照他自己的自由意志来打网球或赛跑，如果他打算在这些运动上有些专长，那么在某些关键场合，他的身体就必须能够在他有意识地觉察到触发运动的刺激之前就开始运动。无论是准备电位还是训练有素的运动员，我们将所有这些情况理解成种种“条件反射性”运动，行为主体实际上没有自由意志，这种理解是具有诱惑力的。因此，举例来说，如果我不小心碰到了一个高温的炉子，我会在感觉到疼痛之前把手缩回来。在我看来，这里的在先条件足以因致动作的开始。但其他情况与此截然不同。在“准备电位”和“训练有素的运动员”这两个事例中，相应的动作依赖于我有有意识的在先意图，即动自己的手指、打网球、赛跑，等等，而且我随时可以撤销这个意图。在高温炉子的事例中，这里没有在先意图，我也**不**可能**不**缩回我的手。

让我们继续下一步的研究。我们如何看待微观要素与意识的系统特征之间的关系呢？对于被动形式的意识，例如知觉，在任何既定时刻，微观要素之特征的总体都必须足以决定那时的意识状态。关于自愿的意识，即有间隙存在的意识，又如何呢？在我看来，同样的原则也是成立的。相关微观层面（神经元、突触、微管或其他东西）的特征之总体足以决定当时独一无二的意识状
293 态，包括自愿的意识在内。在我看来，假如我们放弃这一原则，我们就不得不接受某种形式的二元论。我们将不得不认为意识挣脱了其神经生物基础。我们甚至不得不放弃最朴素形式的随附论观念，即意识的任何变化都必须与神经生物层面的变化相匹配[1]。我们必须坚持的观点是，意识不是大脑中额外的某种东西。意识只是神经元系统所处的一种状态，就像轮子的固体性并不是分子之外的额外要素一样。固体性只是分子所处的一种状态。

但是，当我们坚持认为系统特征必须由系统的要素来独一无二地决定时，我们并没有因此而放弃自由意志，因为间隙是跨时

〔1〕 我不喜欢“随附”这个概念。不加批判地使用它是哲学上混乱的一个标志，因为这个概念在因果性随附和构成性随附之间来回摇摆。但我们确实希望保留这样一个根本观念：意识的任何变化都必须靠神经生物系统来标示。进一步的讨论，参见：John Searle, *Rediscovery of the Mind*, Cambridge, MA: MIT Press, 1992, pp. 124–126。

间的。间隙不在于我现在的神经元状态与我现在的意识状态之间；间隙在于现在整个大脑系统有意识的自愿性组成部分中正在发生的事情与接下来将要发生的事情之间。

此外，请注意，假设一种因果序列，它并不是在每个阶段都显现为充分的因致条件，在做这种假设时，我们并不是在假设随机性。为什么不是呢？请记住我说过，我们应该把意识看作一个意识统一场；关于有意识的自愿经验正是这个意识场至关重要的一个面向。到目前为止的讨论所提出的一个假设是，我们应该把理性的主体性看作整个意识场的一个特征。我们已经看到，在心理层面，理性主体性在形式上可为非决定论的现象提供因果解 294
释。如果理性主体性是在神经生物结构中实现的，而这些神经生物结构也具有这些属性，这些神经生物结构本身就是理性主体性的根本结构，那么这些神经生物过程就会缺乏因果关系上的充分条件，但它们不会因此而变得随机。它们将由作为系统特征而起作用的同一理性主体性来驱动。

因此，关于间隙的假设作为神经生物学假设可以归结为：意识的统一场是一种跟其他任何生物现象一样的生物现象。它完全可以由神经生物过程来解释。在这些过程中，有些过程因致并实现了自愿意识，即因致并实现了审慎思考、选择、决定和行动的意识。鉴于对这些过程性质的某些假设，它们的存在需要一个自我。自我并不是意识场中的一个实体，但(正如我们在第三章所看到的)它决定了意识场活动的一系列形式约束。以我们的例子来说，意志自由的神经生物学现象意味着三个原则：

(1)在任何既定的时间点，比如 t_1 时刻，大脑总的意识状态，包括自愿意识，完全是由相关微观要素的行为决定的。

(2)在因果关系上，大脑在 t_1 时刻的状态不足以决定大脑在 t_2 时刻和 t_3 时刻的状态。

(3)从 t_1 时刻的大脑状态到 t_2 时刻和 t_3 时刻的大脑状态，只能用整个系统的特征来解释，特别是用有意识的自我的活动来解释。

我们在第五章构造了一个想象中的机器人，即“野兽”，要领会前面两种假设之间的差别，一种方法就是将这两种假设分别
295 应用于这个科学幻想。在那一章，我们想象自己构造了一个有意识的机器人，它像我们的经验一样，拥有关于间隙的经验。但现在让我们问一下，我们会如何把自由意志作为一个工程问题、一个跟意识和技术相关的设计问题来处理。如果我们按照假设 1 来制造机器人，我们将制造出一台完全决定论的机器；实际上，我们可以按照计算机系统的标准认知科学模型来制造它，无论是按照传统系统的标准认知科学模型来制造，还是按照联结主义系统的标准认知科学模型来制造。这台机器将以感官刺激的形式接收数据输入，它会根据它的程序和数据库对这些数据进行处理，然后以肌肉运动的形式产生输出。对于这样一台机器来说，意识可能会存在，但它对系统行为不起因致作用或解释作用。也就是说，在制造了一个完全决定论的系统之后，我们可以通过自下而上的因果关系来安排它，让它拥有跟其低层活动状态相匹配的意识经验。在顶层，它可能会感到焦虑和迟疑不决，但这一切都是副现象。低层的活动机制将完全决定系统的后续行为。实际上，

尽管意识是副现象化的，我们仍然可以拥有所有这些特征，并且这个系统甚至可能是不可预测的，因为我们可能会在硬件中加入某种随机化的要素，使其行为是不可预测的。意识应该会存在，但不起什么作用。

根据假设 2，我们有完全不同类型的工程任务。根据假设 2，意识统一场的整个结构本质上是在系统运行中来发挥作用的。在 296
任何给定的时间点上，微观要素的结构和行为足以决定当时意识的特征，但不足以决定系统的下一个状态。有意识地做出决定，这是整个系统的一个特征，系统的下一个状态只能由有意识地做出的决定来决定。作为一个工程问题，我不知道我们该如何着手构造这样一个系统，总之，我们目前还不知道该如何着手构造一个有意识的机器人。

的确，有关于间隙的心理实在，在我看来，对人类行为的解释有两种最有可能的形式。第一种可能的形式是，心理层面的非决定论与神经生物层面的决定论共存。如果这个命题为真，那么自由的理性生活就完全是一种幻觉。另一种可能性是，心理层面的非决定论与神经生物层面的非决定论相匹配。我已尝试表明这至少在经验上是可能的。如果这两个假设中最终会有一个是正确的，我不知道哪个会是正确的。或许我们无法想象的第三种可能性最终会是正确的。我能想到的就这两种假设，我们从自己的经验中所知道的东西和我们对大脑的了解给我们提示了研究思路，如果我不屈不挠地跟踪这些研究思路，我就会想到这两种假设。

坦率地说，我认为这两种假设在理智上都没有吸引力。假设 1 令人感到欣慰，因为它使我们能够像对待其他任何器官一样对待大脑。我们将大脑视为一个完全决定论的系统，就像肝脏或心脏一样。但假设 1 跟我们关于生物进化的知识不吻合。根据假设 1，一个极其复杂且代价高昂的意识系统，一个做出理性决定的
297 系统，在生物体的行为中却不起任何因致作用，因为这个生物体的行为完全是由底层结构所决定的。按照这种观点，拥有一个有意识的、理性的、能做决定的系统不会有任何选择优势，从生物学角度来说，这个系统是长期生物进化的结果，其代价也是极其高昂的，并且在我们的意识经验中占用了巨大空间。此外，根据这一假设，做理性决定的幻觉不同于其他幻觉，其他幻觉确实具有选择优势。因此，举例来说，假设颜色是一种系统性的幻觉，但这种幻觉让生物体有根据颜色来区分物体的能力，这仍然具有巨大的选择优势。但根据假设 1，有意识地做理性决定不会带来任何选择优势。

但假设 2 也跟我们现有的生物学观念不吻合。问题不在于假设 2 要求我们认为意识在微观要素的行为中起“自上而下”的因致作用，因为作为一种系统特征，意识像其他任何系统特征一样发挥作用。最后，当我们谈论意识对其他要素的影响时，我们实际上只是在谈论要素如何相互影响，因为意识完全是要素的行为的功能。同样，当我们谈论车轮的行为影响车轮的分子时，我们只是在谈论分子如何相互影响。因此，假设 2 的问题不在于它必然蕴含意识之自上而下的因果关系。这是一个很容易处理的问题。问题是要明白系统所具有的意识如何对它有因果效力，而且这因果效力是非决定论的。仅仅告诉我们可以接受非决定论的量
298 子力学解释的随机性，这也不会有太大的帮助。有意识的理性不

应该接手量子力学的随机性。有意识的理性反而应该是一种起因果作用的因果机制，尽管它不是基于在先的充分因致条件而起作用。实际上，从某些角度来看，细胞的一项功能就是克服亚细胞层面的量子不确定性的非稳定性。

我并没有试图解决意志自由的问题，只是试图准确地陈述这个问题是什么，以及解决这个问题最有可能的思路是什么。

299

索 引

译后记

哲学研究经常以辩论的方式展开。约翰·塞尔通过与理性“经典模型”的辩论，阐述了他自己的实践理性理论。他的一个核心观点是只有非理性行为才倾向于由信念和欲望直接引起，例如，由痴迷或成瘾而引起的行为。就理性行为而言，以信念和欲望的形式而出现的“原因”与以决定和行动的形式而出现的“结果”之间存在着间隙。首先是做出决定的理由与决定之间有间隙；其次是决定与行动的开始之间有间隙；最后是复杂行动的开始与行动的完成之间有间隙。间隙是有意识的决定和行动的特征，这个间隙的传统名称就是“意志自由”。该书可以看作一部关于“间隙”的专著。

2007 年 3 月，译者从复旦大学哲学学院复印了该书，随后仔细阅读了该书，后来又多次阅读该书，有机会翻译出版该书算是了了一个小小的心愿。

此译著是教育部人文社会科学重点研究基地（北京大学外国哲学研究所）重大项目“社会意识的认知奠基和语言表征研究”（22JJD720005）和全国高校思政课建设项目“全国高校思政课名师工作室（西南政法大学）”（21SZJS50010652）的阶段性成果。

在此书付梓之际，诚挚感谢当代中国出版社的支持，特别感谢刘文科主任和责任编辑邓颖君为本书问世所付出的辛勤劳动。还要感谢贾玉莹、毛彧、杨小菁、谢梦娟、陈润泽、赵沈、杜忠发、王鑫城等，他们分别阅读了译文初稿的不同章节，并提出一些修改建议。